JN074174

現場目線の
業績管理入門

レオパレス21における
経営危機後の改善策

元・㈱レオパレス21 財務経理部
公認会計士
日野原 克巳 ［著］
Hinohara, Katsumi

中央経済社

まえがき

　当社・株式会社レオパレス21が施工した賃貸アパートなどにおいて，施工不備が相次いで発覚し，当社は一時期，経営危機に陥りましたが，抜本的施策と称した各種施策の実施により，近時，ようやく業績が底打ちしました。

　ステークホルダーの皆様には多大なるご心配およびご迷惑をおかけしましたことにつきましては，あらためてお詫び申し上げます。

　この抜本的施策の実施により，拙著『経営危機時の会計処理』（中央経済社）でも述べましたように，当社の損益構造は一定程度，筋肉質になったものと考えられます。

　ただし，当社の現状をたとえていうならば，集中治療室から何とか一般病棟へ移り，今まさしく，一刻も早い退院を目指しているというような状況であり，さらなる筋肉質な体質を目指し，利益やキャッシュの積み上げを図ろうとしています。

　しかしながら，支店等の現場においては，なお，売上に直結する「入居率」という指標のみが日常的に用いられ，利益やキャッシュについて関心が払われていないことに筆者は強い違和感を覚えざるを得ません。

　当社においては，施工不備発覚の前から，ROE（Return On Equity：自己資本利益率）やROIC（Return On Invested Capital：投下資本利益率）などが目標とする経営指標として公表されてきました。しかし，2023年に筆者は「業務応援」と称される入居率向上施策の一環として最前線たる支店に配属されたことがありますが，そこでは本社の現業部門と同様，入居率が唯一の指標であることに変わりはありませんでした。

　ようやく黒字化を果たすことができた今，当社は，再び入居率が大き

く落ち込んでしまうような事態に備える必要があります。そのためには，上記のような利益やキャッシュをベースとした経営目標を現場に浸透させなければなりません。しかし，なかなか経営の思いどおりにはいかないのかもしれません。

このような問題は，何も当社に限られたことではありません。経営の思いが末端の現場まで伝わらず，会社の方向性に統一感が見られない事例など枚挙にいとまがありません。

では，どうすればいいのか――。それを平易にひもとこうとしたのが本書です。

本書は，現場の担当者が，会社の経営目標に沿った業績管理を行うことができるように，必要と考えられる手法を紹介するものです。特に高度な技術やノウハウを必要とはせず，ごく一般的な手法です。事業所ごとに損益や現預金を適時に把握し，これを会社の経営指標とリンクしさえすればよいのです。

本書の構成としては，職位別に説明を加えることとし，まず第1章で当社の概要をご紹介した上で，第2章「損益管理」と第3章「現預金管理」は初級編という位置付けで非管理職レベル，第4章「資産・負債管理」と第5章「予算管理」は中級編の位置付けで管理職レベル，さらに，第6章「キャッシュ・フロー計算書」，第7章「経営分析」および第8章「直接原価計算」は上級編として部長クラスの方々向けに解説しています。もちろん，非管理職の方であっても，初級編にとどまらず，上のクラスにチャレンジしていただいても構いませんし，むしろそれは歓迎すべきことと考えています。

筆者の業務応援先である支店では，現場の担当者はスキルアップのための時間が限られていました。平日の業務時間はもろもろの業務に忙殺

され，例えば，専門書の購読やeラーニングなどによるスキルアップを図ることは困難です。この点，経理部門を含む管理部門は日常的に関連法令等を会得せざるを得ませんが，逆にいえばスキルアップの機会に恵まれているということです。

ただ，少なくとも筆者が配属された支店の担当者は，一様に学ぶ意欲が高かったように思われます。筆者が担当者向けに会社の決算内容を説明する際も，真剣に耳を傾けてくれました。

本書はこのようにスキルアップの機会に恵まれない方でも効率的に学習できるよう，できるだけ平易な説明を心掛けました。また，当社における実際の課題や改善策に落とし込むことで，腹落ち感が出るように工夫しました。

さらにいえば，本書は会計理論と業績管理について一体的に理解できるように説明しています。決算書の構造はもちろん，決算書を活用した業績管理についても理解を深める一気通貫での理解を目指しています。

なお，本書に記載した損益計算書や貸借対照表などの決算書については，特に断りのない限り，支店を含む事業所単位の決算書とご理解ください。会社の決算書であれ，事業所の決算書であれ，管理の手法に変わりはなく，いずれの決算書を前提にしても違和感なく理解できるかと思います。

筆者は，2024年1月末付で当社を退職しました。しかしながら，業績管理に携わった者として，本書で述べるような業績管理が会社に浸透することを願いつつ，本書においては「当社」という語句を用いています。

最後に老婆心ながらひと言。

本書に目を通すだけではなく，現場の業績管理のためには，経営数値の理解は決して避けることはできません。最低限，簿記3級の資格は取

得してください。簿記3級が業績管理の一里塚とお考えください。

　末筆ながら，出版に際しては，従前同様，株式会社中央経済社の坂部秀治氏から直接，文字どおり「赤ペン」でご指導いただいたほか，数多のお力添えをいただきました。ここに深く御礼申し上げます。

　2024年5月

日野原　克巳

目　　次

第2章 | 損益管理

第3章 | 現預金管理

第4章　資産・負債管理

x

2 当社の経営分析 ……………………………………………… 140

(1) 安全性分析／141
  ① 流動比率／141
  ② 当座比率／141
  ③ 自己資本比率／142
(2) 収益性分析／142
  ① 売上高営業利益率／143
  ② 総資産利益率（ROA）／143
  ③ 自己資本利益率（ROE）／143
  ④ 投下資本利益率（ROIC）／143
(3) 効率性分析／144
  ① 売上債権回転期間／145
  ② 棚卸資産回転期間／145
  ③ 仕入債務回転期間／145
(4) 成長性その他の分析／146
  ① 売上高増減率／146
  ② 当期純利益増減率／146
  ③ 自己資本増減率／147
  ④ 配当性向／147
【参考】当社の財務諸表
  連結貸借対照表／148
  連結損益計算書／150
  連結キャッシュ・フロー計算書／151

第8章　直接原価計算

1　一般的な損益計算書 ……………………………………………… 154

第1章

レオパレス21の概要

1 事業の概要

(1) 事業内容

　当社・株式会社レオパレス21は，建築請負したアパートなどの一括借上げによる賃借物件の賃貸・管理を主たる事業としています。具体的には，オーナーから賃借したアパートなどを入居者に賃貸するという，シンプルなビジネスです。

　また，アパートなどの建築工事・営繕工事の請負いのほか，賃貸関連諸サービス，ブロードバンドサービスを行っており，グループ会社においては，社宅代行・不動産仲介事業，賃料債務保証事業，屋根借りによる太陽光発電事業，賃貸住宅入居者への家財保険などの販売に加え，シルバー事業やリゾート事業などを営んでいます。

　ただし，親会社の取引規模・財政規模が圧倒的に大きく，グループ会社の大半を占めています。

【シンプルなビジネスモデル】

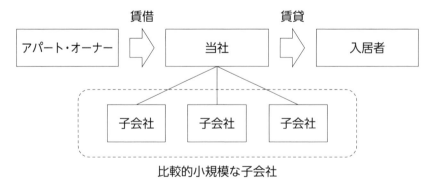

(2)　ビジネスモデルの特徴

　当社は，単身者向けのアパートなどの賃借という，いわゆるニッチな市場で事業を展開しています。全国どこでも良質で均一な家具家電付きの賃貸サービスの提供を目指し，業務はパターン化・標準化され，管理戸数は56万戸に及んでいます。平日・休日を問わず入居者家賃が発生し，継続的に相当程度の利益やキャッシュを積み上げることができるという点で，当社の事業は優れたビジネスモデルであると考えられます。

　業務がパターン化・標準化されているということは，ごく少数の精鋭の経営層であっても，事業の運営が可能であることを意味します。事実，会社の好不況にかかわらず，従前よりそれほど多くの経営・幹部人材が配置されることはありませんでした。

　ただ，優れたビジネスモデルは，ことさらに工夫をせずとも利益やキャッシュが積み上がるため，業務改善が行われにくいという特性があります。

　筆者は監査法人に在籍していた当時，多くの会社を担当しましたが，このような「優れた」ビジネスモデルによって継続的に利益やキャッシュを積み上げることができるような会社は１社しか出会ったことがありません。その会社は，いわゆる中食（なかしょく）と呼ばれる業態で，テイクアウトの店をフランチャイズで展開し，会社の本部は加盟店からロイヤルティを徴収するとともに，一括仕入した食材に利益を乗せて加盟店に卸すというビジネスモデルでしたが，やはり，同社においても非効率な業務が散見されました。

(3)　事業規模と経営指標

　当社は東京証券取引所のプライム市場に上場しており，2023年３月期では，売上高4,000億円，総資産1,600億円，従業員数は4,000人程度と

いった事業規模です。また，主要な経営指標等（連結）は以下のとおりです。

　後述する施工不備問題が発覚する直前の2018年3月期においては，売上高は5,000億円，総資産は3,000億円を超え，従業員数も7,000人強でしたから，だいぶスリム化したといえます。

【主要な経営指標等（連結）】

（単位：百万円）

項　　　　目	2018年3月期	2023年3月期
売　　　　上　　　　高	530,840	406,449
経　　常　　利　　益	22,354	6,526
親会社株主に帰属する当期純利益	14,819	19,810
純　　資　　産　　額	159,438	32,922
総　　資　　産　　額	337,257	166,548
営業活動によるキャッシュ・フロー	27,338	10,545
投資活動によるキャッシュ・フロー	△2,336	906
財務活動によるキャッシュ・フロー	△18,354	△2,819
従　業　員　数　（人）	7,690	3,991

（注）従業員数に臨時雇用者数は含まない

2 施工不備問題の発生

(1) 施工不備の発覚

　2019年3月期において，当社が施工した賃貸アパートの2つの商品シリーズで，建築確認を受けた図面と実際の施工内容との間に一部相違があることが発覚しました。このため，すべての対象物件の調査を実施し，相違があった物件については，施工者としての責任に鑑み，補修工事を実施する旨が公表されました。

　その後，他の商品シリーズにおいても施工不備が続けざまに発覚しました。このため，決算書においては，施工不備に係る補修工事関連費用の発生に備えるため，不備等の発生率に基づき，「補修工事関連損失引当金」という勘定科目で損失負担見込額が計上されました。この額は一時期，500億円を超えるほどにまで膨らみました。

　さらに，一連の施工不備問題により当社の信用は大きく毀損し，入居率が大幅に低下するとともに，賃貸アパートの請負工事も激減し，受注を停止せざるを得ない状況にまで追い込まれました。その結果，2021年3月期においては，東京証券取引所の上場規則に定める債務超過（マイナスの純資産）に陥ることとなりました。

　当社の「優れた」ビジネスモデルは，あくまで一定の入居率が確保されていることを前提として成り立ち，不祥事やかつてのリーマンショックなどといった緊急事態の発生により，ひとたび前提が覆されれば，その脆弱性が露呈することに気づかされることになりました。

【施工不備による債務超過】

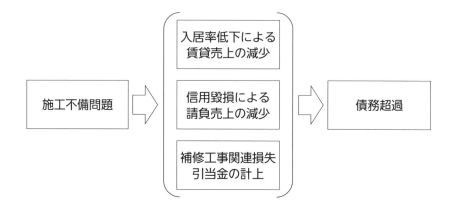

(2)　資金繰り懸念

　債務超過とは，会社の資産より負債が多い状態のことですから，理論上は資産を全部売ったとしても負債を返しきれないことを意味します。そのため，会社が債務超過に陥れば"危ない会社"とみなされ，銀行借入れの引揚げや支払サイトの短縮，取引停止などといった事態に追い込まれ，事業活動上，大きな支障をきたすことになります。

　しかしながら，より深刻な問題は，キャッシュの枯渇（資金ショート）です。キャッシュが枯渇するということは，今後の事業活動のための資金が不足することを意味しますから，もはや会社として単独で生き残ることができず，倒産の憂き目に遭う可能性もあり，まさしく会社として存続できるかどうかの瀬戸際に立たされることになります。

　当社においても，コロナ禍の影響もあり，入居率が低下する一方で，多額の補修費用が支出されるなど，キャッシュは目に見えて減少していきました。

　わが国の会計制度に従えば，会社が存続することについて重要な疑義

が生じ，疑義解消のための対策が講じられても，なお会社の存続について重要な不確実性が認められる場合，その旨を決算書上で開示しなければならなくなります。いわば"危ない会社"であることを自ら世間に公表することになり，これを「継続企業の前提に関する注記」といいますが，当社も，一時はこの注記の記載を検討せざるを得ないほどの状況に追い込まれました（この点については，第6章「キャッシュ・フロー計算書」で詳述します）。

【施工不備による資金ショート】

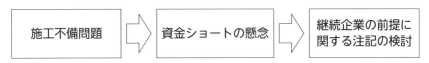

(3)　抜本的施策

　このような経営危機に対応するため，当社は抜本的な施策を講じることとしました。

　まずは，売上減少を食い止めるため，仲介業者を活用した入居率の回復を図りました。従前より自前主義であった当社からすると，180度の転換かもしれません。また，近隣相場を参考にアパート・オーナーからの借上家賃の適正化を図るとともに，賃貸アパートに係る維持管理費を見直しました。さらに，早期退職制度により人件費の削減を行いました。

【抜本的施策】

項目	内容
売上高の増加	入居者獲得のための仲介業者の活用
固定費の削減	近隣相場を基礎とする借上賃料の適正化
	賃貸アパートに係る維持管理費の見直し
	早期退職制度の採用による人件費削減

　このような一連の施策が功を奏し，何とか経営危機を乗り越えることができました。

　しかし，当社においては，いわば車の両輪ともいうべきアパートの「賃貸」と「請負」という，双方の事業展開が不可欠です。請負工事がストップしている現状は経営的に不安定といわざるを得ず，完全復活への道のりはまだ先のこともしれません。

3　業績管理の必要性

　賃貸アパートに係る請負事業の復活に加え，当社にはもう１つの大きな経営管理上の課題があります。

　それこそ，まさしく「業績管理」の実施にほかなりません。

(1)　ビジネスモデルの転換

　一連の施工不備問題により，かつては95％というほぼ満室状態にあった入居率が，一時期は80％を切る水準にまで落ち込みました。近時，仲介業者の活用により，ようやく90％台までの回復が見えてきたとはいえ，いまだ回復途上の段階です。

入居率は必ずしも当社の不祥事というような内的な要因によらずとも，例えば，コロナ禍のような外的な要因によっても大きな影響を受けます。

もはや，入居率のみに頼らず，適切な業績管理を行うことによって，安定的に利益を生み出すようなビジネスモデルへ転換することが求められているのです。

(2)　当社の企業風土

しかし，当社においては，業績管理の妨げとなるような企業体質があるのかもしれません。ここで，業績管理にまつわる当社のエピソードをご紹介します。

①　「アワード」

当社ではかつて，優秀な成績を収めた部署が表彰される「アワード」といわれる催しが年末に開催されていました。筆者が入社した年のアワードでは，アパート・オーナーとの長い交渉の末にようやく賃貸アパートの工事契約を勝ち取った請負事業部が表彰されました。ただ，請負工事でどのくらいの利益が出たのかがまったく提示されず，筆者はどうにも釈然としない気持ちになりました。

担当者の名誉のために申し添えますが，本件の採算は十分に取れており，担当者の自信にもつながったほどの案件だったとのことです。そうであればなおさら，採算について明らかにされるべきであったように思われ，それについて出席者からも何の不満も出ないことが，筆者には不思議でならなかったのです。

当社は営利企業であり，どれだけ儲かったかが重要です。誤解を恐れずにいえば，どれだけ苦労して契約を勝ち取ってきたかということなど，評価の対象とはならないはずなのです。

このような，入居率や売上さえ確保されればよしとされる風潮は，も

はや当社の企業風土といってもいいかもしれません。

② 関係会社会議

　もう1つ，事例を挙げます。

　当社においては，グループ会社の損益が経営層に提示される「関係会社会議」が定期的に開催されていますが，それぞれの関係会社からの報告では，最終損益である当期純利益まで提示されないケースが散見され，極端な場合，売上高しか提示されない場合もありました。

　最終損益が提示されなかったのは，事業を立ち上げたばかりで赤字は当然ということだったとも推察されます。しかし，赤字は会社資金の流出を意味しますから，どれほど資金が流出しているのかを正確に把握するためには，最終損益まで提示されるべきです。

　アワードの件も相当違和感を覚えましたが，業務管理に係る公式な会議でさえ業績の提示が不十分であるという点では，こちらのほうが重症かもしれません。

③ 経営指標

　加えて，「まえがき」でも述べたとおり，当社は従前より，目標とすべき経営指標としてROE（自己資本利益率）やROIC（投下資本利益率）を公表していますが，最前線たる支店ではそのような指標はもちろん，損益やキャッシュの増減すら意識されておらず，相も変わらず入居率や売上が幅を利かしています。

　やはり，経営層と現場との間には大きなギャップがあるといわざるを得ない状況のようです。

(3) 企業風土の改革

　これらのエピソードからおわかりのように，支店を含む事業所単位で

の業績管理を徹底し，それによって担当者1人ひとりが業績向上に取り組むように促すことが必要であると，筆者は考えるに至りました。

　これは担当者の意識改革を含む企業風土の問題でもあり，一朝一夕ではとてもやり切れる話ではありません。まさしく，「言うは易く行うは難し」です。しかし，会社の持続的な発展のためには，たとえ困難な道のりであっても，やり切らなければなりません。

4　報告書の提出

　当社の不十分な業績管理について強い危機感を抱いた筆者は，業績管理が日常的，かつ全社的に実施されることを目指すべく，以下に掲げる報告書を複数の社内取締役に提示し，その内容を説明しました。最終的には，一定の理解を得ることができたものの，経営が軌道に乗るまでは実施が難しく，現状では未着手となっており，近い将来における展開が見込まれています。

　本書の内容は，数値や図表を用い，平易な表現を心掛けながら，この報告書を具体的に展開したものです。

　本報告書における損益計算書は直接原価計算に基づいていますが，本書の第2章「損益管理」において，まずは一般的な損益計算書を示した上で，直接原価計算に基づく損益計算書については，第8章「直接原価計算」で解説します。

　また，貸借対照表やキャッシュ・フロー計算書を用いた業績管理については，それぞれ第3章「現預金管理」，第4章「資産・負債管理」，および第6章「キャッシュ・フロー計算書」で説明します。

　その他，本報告書における決算書は実績値のみならず，予算値としても作成される必要があり，これらの数値に基づいて各種の経営指標が算定されますが，各々，第5章「予算管理」，第7章「経営分析」におい

て説明を行います。

　報告書には専門用語もあり，読みづらいかもしれませんが，本書を一読後に再度，目を通していただければ，十分に理解可能なものと考えています。

2020 年 12 月 15 日

支店等の月次評価

1．概要

　最小のキャッシュ生成単位（当社の場合，ほぼ支店等と同義）ごとに月次損益と損益にもとづく現預金残高を算定し，これを人事評価に直結させることにより実効性を確保する。

　売上を積み上げて支店損益をかさ上げし，滞留債権をいたずらに増加させることを回避するため，月次評価の対象として，利益ではなく売上債権回収後の現預金残高を使用する。

　（「最小のキャッシュ生成単位」という発想は京セラや日本航空の再生モデルに用いられた手法であり，当社の同業他社においても支店等の単位で損益が計算されている可能性が高いものと考えられる。）

2．作成資料

　支店等ごとに月次で損益計算書と貸借対照表を作成し，両者に基づきキャッシュ・フロー計算書を作成する。

（1）　損益計算書

　まず，支店等の損益責任を明確にするため，支店等ごとの直接原価計算に基づく損益計算書を作成する。

　以下，全社ベースの数値で例示する。

（単位：百万円）

項目		備考
売上高	400,000	
変動費	40,000	変動比率を10％と仮定
限界利益	360,000	
個別固定費	300,000	支店等で個別に発生する固定費
貢献利益	60,000	支店等の努力で稼ぐことができる利益

14

本社費等	30,000	賃貸部署および本社で発生する費用
税引前利益	30,000	
法人税等	10,000	税引前利益の1/3と仮定
当期純利益	20,000	

（2）貸借対照表

次に，支店等ごとの貸借対照表を作成する。

（単位：百万円）

資産		負債	
現預金	100,000	買掛金	×××
売掛金	×××	×××	×××
棚卸資産	×××	×××	×××
×××	×××	純資産	
×××	×××	×××	×××
資産合計	150,000	負債・純資産合計	150,000

（3）キャッシュ・フロー計算書

損益計算書と貸借対照表からキャッシュ・フロー計算書を簡便的に作成，月末の現預金を算定する。

（単位：百万円）

項目		備考
A．営業キャッシュ・フロー	×××	
当期純利益	20,000	損益計算書により算定
売掛金の増減	×××	
棚卸資産の増減	×××	貸借対照表の増減により算定
買掛金の増減	×××	
B．投資キャッシュ・フロー	×××	
C．財務キャッシュ・フロー	×××	

D．現預金の増減	×××	A＋B＋C
E．現預金の月初残高	×××	
現預金の月末残高	100,000	D＋E

3．その他のKPI（Key Performance Indicator：重要な業績指標）

　支店等ごとにROA（総資産利益率）を算定し，全社ベースのROAとリンクさせる（本事例の場合は簡便的に当期純利益 20,000 ÷ 総資産 150,000 ＝ 13.3％と算定）。

　支店等のROAを向上させることが，結果として全社ベースのROAの上昇につながることとなる。

　利益等の絶対値よりも，いわゆるROAやROE（自己資本利益率）といった経営指標が投資判断材料として有用と考えられており，理解の容易さを踏まえ，便宜的にROAを使用する。

4．作成時期等

　「翌月前半までの算定⇒課題検出・改善策策定⇒翌月後半での実行」を前提とすると，遅くとも翌月10日までに作成・提示されることが必要である。

　ただし，計算の適時性を確保するため，損益の算定に時間を要する場合は，業務データから直接算定できる数値や過去の実績をベースとした予定価格を利用する。

5．スケジュール，将来展望

　本件スキームは2021年4月からの実施を目指す。

　将来的には，取締役会への月次報告資料とし，合わせてグループ会社についても同様の形式での報告を要請する。

以　上

第2章

損益管理

　本章から，業績管理の方法について具体的に解説します。最初は，企業価値の源泉となる利益についての管理手法，すなわち「損益管理」について説明します。

　簿記の資格を取得しているかどうかにかかわらず，損益を管理するためには，まずは損益計算書の内容を理解しておく必要があります。「決算書は苦手」という話をよく耳にしますが，損益管理のためには，損益計算書の理解は避けては通れません。できれば，簿記3級程度の資格を取得することが望まれますが，本書では，資格を取得していなくても損益計算書を理解できるように説明します。

　まず一般的な損益計算書の内容を，次に当社の損益計算書について説明し，その後，当社を含む損益管理の具体的な内容について解説します。

　なお，決算書を十分に理解するためには，簿記の資格を取得して簿記の素養を身につけることが必要ですが，簿記に関する限り，センスなどまったく不要です。簿記の資格試験は時間をかけさえすれば，それほど難しいものではありません。簿記の資格試験に合格しないのは，簿記のセンスがないからではなく，単に勉強時間が足りないだけです。

1 損益計算書

(1) 収益と費用の分類

　損益計算書とは，「収益」から「費用」を差し引いて「利益」を算定する決算書をいい，最終利益である当期純利益の算定が損益計算書の究極の作成目的となります。

① 収益の分類

　まず，損益計算書上で「収益」として計上すべきものは，以下の3つ

に分類されます。

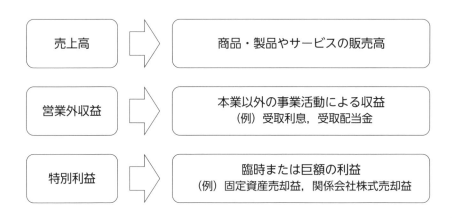

② 費用の分類

　一方，損益計算書上で「費用」として計上すべきものは，以下の4つに分類されます。

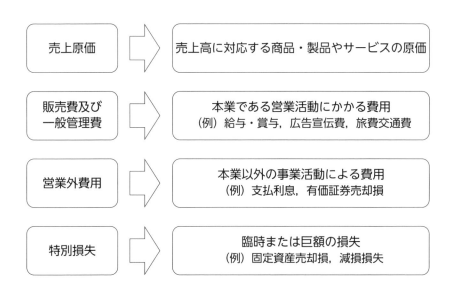

③ イメージ図

これらの収益と費用を組み合わせてイメージすると，以下のとおりです。

		収益	費用
事業活動	本業 （営業活動）	売上高	売上原価 販売費及び一般管理費
	本業以外	営業外収益	営業外費用
事業活動以外	臨時巨額	特別利益	特別損失

(2) 段階利益

① 段階利益の算定

これらの収益・費用（税金費用を含む）を加減算することにより，損益計算書においては，最終利益である当期純利益を含めた5つの「段階利益」が算定されます。無理に暗記する必要はなく，イメージ図で慣れていただければ十分です。

5つの段階利益の内容は以下のとおりです。

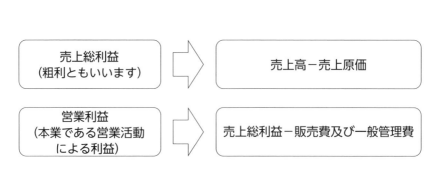

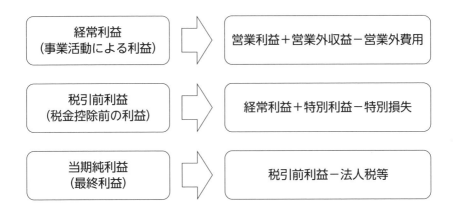

	経常利益 (事業活動による利益)	⇒	営業利益＋営業外収益－営業外費用
	税引前利益 (税金控除前の利益)	⇒	経常利益＋特別利益－特別損失
	当期純利益 (最終利益)	⇒	税引前利益－法人税等

②　イメージ図

収益・費用と合わせ，段階利益をイメージすると以下のとおりです。

		収益	費用	段階利益
事業活動	本業 (営業活動)	売上高	売上原価 販売費及び一般管理費	売上総利益 営業利益
	本業以外	営業外収益	営業外費用	経常利益
事業活動以外	臨時巨額	特別利益	特別損失	税引前利益 当期純利益

(3)　損益計算書

5つの段階利益を含む損益計算書は，一般的に以下のような形式で表示されます（金額は仮）。

項目	金額	備考
売上高	400	
売上原価	300	
売上総利益	100	売上高400－売上原価300
販売費及び一般管理費	60	
営業利益	40	売上総利益100－販売費及び一般管理費60
営業外収益	10	
営業外費用	20	
経常利益	30	営業利益40＋営業外収益10－営業外費用20
特別利益	10	
特別損失	20	
税引前利益	20	経常利益30＋特別利益10－特別損失20
法人税等	6	
当期純利益	14	税引前利益20－法人税等6

⑷　業種に応じた費用の分類

　ここまで，収益や費用が損益計算書のどこに計上されるか，どのような利益が算定されるかについて簡単に説明しました。以下ではもう少し具体的に，外食産業の損益計算書を例にして，特に費用の「区分」について説明します。

①　売上原価と販売費及び一般管理費との区分

　まず，売上原価は，一般的には商品やサービスの原価が該当します。仕入れた商品を販売する卸売業であれば，販売した商品に係る仕入額が売上原価となります。

　この点，外食産業では，店舗で発生する費用のうち食材や飲料に係る

費用のみが売上原価として計上されている場合が散見されます。

　店舗ごとに売上が計上されているのですから，本来であれば，店舗で働く従業員の人件費や水道光熱費などの店舗経費も売上原価として計上されるべきと考えられますが，原価の集計が煩雑であるとか，同業他社にならうなどの理由により，それらが販売費及び一般管理費として計上されている場合も多いのです。

　しかしながら，売上高から食材費のみの売上原価を控除した売上総利益がそれほど意味のある数値とはならないことは明らかです。この場合，店舗の人件費や経費を含む販売費及び一般管理費を差し引いた営業利益が重要な数値となります。

②　販売費及び一般管理費と特別損失との区分

　固定資産を除却した場合に生じる固定資産除却損は，一般的には臨時巨額の損失である特別損失として計上されます。外食産業においても，店舗を退店する際に発生する固定資産除却損は特別損失として計上されます。

　しかしながら，外食産業にとっては，店舗の出退店はまさしく本業である営業活動そのものですから，出店費用と同様，退店費用である固定資産除却損も販売費及び一般管理費として計上されることが望ましい会計処理とも考えられます。

　このように，業種の特性を考慮して，一般的な損益区分とは異なる区分での計上を検討すべき場合もあることに留意します。

【業種の特性を考慮して損益を区分】

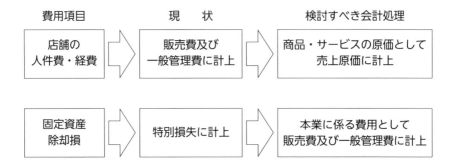

(5)　本節のポイント

　損益計算書上の費用には３種類あることを理解することが肝要です。

　１つ目は，売上に直接必要な費用であり，これを「売上原価」といい，以下の式により売上総利益（粗利）が算定されます。

売上－売上原価＝売上総利益

　２つ目の費用は，人件費，広告宣伝費，減価償却費などの「販売費及び一般管理費」（販管費）であり，以下の式により営業利益が算定されます。

売上総利益－販売費及び一般管理費＝営業利益

　３つ目の費用は，売上原価と販管費以外の「その他の費用」で，支払利息，固定資産売却損，法人税などがあり，以下の式により当期純利益が算定されます。

営業利益－その他の費用＝当期純利益

　ここでは，その他の費用が，営業外費用，特別損失，法人税等の３つ

に分解されることさえ押さえておけば十分です。

2 当社の損益計算書

(1) 損益の推移

　それでは，当社の損益計算書を見ていきましょう。

　まず，損益の推移についてです。

　一連の施工不備問題により経営危機に陥った期間にわたる損益の推移は，以下のとおりです（第49期有価証券報告書「主要な経営指標等の推移」より抜粋）。

【連結経営指標等】

(単位：百万円)

回次	第45期	第46期	第47期	第48期	第49期
決算年月	2018年3月	2019年3月	2020年3月	2021年3月	2022年3月
売上高	530,840	505,223	433,553	408,959	398,366
経常利益	22,354	7,063	△36,341	△34,170	△2,151
親会社株主に帰属する当期純利益	14,819	△68,662	△80,224	△23,680	11,854

　上表によると，施工不備が発覚した46期から売上高が減少し，従前，売上高は5,000億円を超えていたにもかかわらず，49期に至っては4,000億円を割ってしまいました。また，45期においては200億円を超える経常黒字が確保されていたものの，47期から49期までは経常赤字が計上されることとなりました。さらに，46期から最終利益である当期純利益も赤字に陥りましたが，49期に入って黒字化し，ようやく業績底打ちの兆しが見えてきました。

　ところで，施工不備に係る補修費用は臨時巨額の損失として特別損失に計上されますから，会社の事業活動による利益である「経常利益」に対しては何ら影響を及ぼさないはずです。言い換えれば，臨時巨額の補修費用がどれほど発生しようとも，経常損失とはならないのです。

　それにもかかわらず，47期から経常赤字となりました。なぜでしょうか？

　これは，一連の施工不備問題によって当社の信用が大きく毀損し，入居率が大幅に低下した一方，アパート・オーナーからの借上家賃（売上原価）や賃貸アパートの管理原価（売上原価。内容の詳細は後述）はそれほど減少せず，会社の本業である営業活動による利益を示す「営業利益」が大幅に悪化したことによります。1,000億円以上の売上が吹き飛んだにもかかわらず，原価（費用）が売上ほどには減少しなかった結果として経常損失に陥ったのです（第8章⑥(5)「損益構造の特徴」参照）。施工不備という不祥事そのものより，不祥事によって生じた信用の毀損がいかに致命的なことであるかを思い知らされることとなりました。

　49期に入って入居率が底打ちし，ようやく黒字化を果たしつつありますが，失われた信用を回復するのは，まだまだ先のことと考えられます。

【補修工事と入居率低下により業績が悪化】

(2)　当社の損益計算書

　以下において，一連の施工不備問題が発覚する直前の45期と業績が底打ちした49期の損益計算書（連結）とを比較してみます（第7章[2]【参考】「当社の財務諸表　連結損益計算書」参照）。

　一般的に損益計算書における項目のうち特に重要な指標としては，会社の取引規模を表す売上高，本業の儲けを表す営業利益，最終利益である当期純利益が挙げられますが，これらの指標を含めて検討します。

　なお，専門的な用語も使っており，難解な箇所もあるかと思いますが，概要を把握すれば十分ですので，そのような箇所は読み飛ばしても構いません。

（単位：百万円）

	第45期 （2018年3月期）	第49期 （2022年3月期）	増減
売上高	530,840	398,366	△ 132,474
売上原価	434,762	352,289	△ 82,472
売上総利益	96,077	46,077	△ 50,000
役員報酬	799	302	△ 497
給料及び賞与	33,408	14,960	△ 18,448
役員賞与引当金繰入額	10	－	△ 10
退職給付費用	1,844	1,263	△ 580
人件費計	36,062	16,526	△ 19,536
広告宣伝費	4,235	2,718	△ 1,517
販売手数料	2,289	2,328	38
販売促進費計	6,525	5,046	△ 1,479
その他経費計	………	………	………
販売費及び一般管理費合計	73,147	44,302	△ 28,845
営業利益	22,930	1,774	△ 21,155
受取利息・受取配当金	271	100	△ 170
その他	………	………	………
営業外収益合計	674	827	153
支払利息	783	4,474	3,690

その他	⋯⋯	⋯⋯	⋯⋯
営業外費用合計	1,250	4,754	3,504
経常利益又は経常損失（△）	22,354	△ 2,151	△ 24,506
固定資産売却益	927	120	△ 806
投資有価証券売却益	–	0	0
補修工事関連損失引当金戻入額	–	11,959	11,959
特別利益合計	927	12,080	11,153
固定資産売却損	27	–	△ 27
固定資産除却損	112	45	△ 66
減損損失	7,594	118	△ 7,475
その他	⋯⋯	⋯⋯	⋯⋯
特別損失合計	8,131	234	△ 7,896
税金等調整前当期純利益	15,150	9,693	△ 5,456
⋯⋯	⋯⋯	⋯⋯	⋯⋯
法人税等合計	337	△ 2,956	△ 3,293
⋯⋯	⋯⋯	⋯⋯	⋯⋯
親会社株主に帰属する当期純利益	14,819	11,854	△ 2,964

① 売上総利益

　まず，売上高については，前述したように，一連の施工不備問題の発覚前には5,000億円を超えていましたが，49期には4,000億円を割り込んでいます。これは，入居率の低下によって賃貸事業の売上高が減少したとともに，賃貸アパート建築に係る請負事業の売上高がほぼ消滅してしまったことによります。

　また，売上原価については，アパート・オーナーからの借上家賃がその7割強を占めますが，施工不備問題の発覚以降2年間据え置かれたため，近隣相場との乖離が生じました。そこで借上家賃の適正化を図り，49期までに売上原価が大きく減少することとなりました。

　ただし，売上原価の減少以上に売上高が減少したため，1,000億円近くあった売上総利益は半減してしまい，業績回復のためには，さらなる

売上高の積み増しが必要となりました。

②　営業利益

　販売費及び一般管理費については，人件費や販売促進費などが主たる費用となりますが，退職者の増加により人件費が190億円弱減少したほか，徹底した経費削減が図られ，合計で280億円減少しました。

　その結果，売上総利益が500億円減少した一方で販売費及び一般管理費も280億円減少した結果，営業利益は210億円の減少となりました。

③　経常利益

　主たる営業外収益項目としては，受取利息や受取配当金などのいわゆる金融収益があり，主たる営業外費用項目としては，支払利息その他の金融費用があります。

　49期には，前期に多額の借入れを行ったため，40億円もの支払利息が計上されました。その結果，経常利益は営業利益の減少額を上回る240億円の減少となりました。

④　税引前利益（税金等調整前当期純利益）

　一連の施工不備に係る賃貸アパートの補修工事のために，特別損失として一時は500億円を超える補修費用が計上されましたが，49期に，補修工事に代えてアパート・オーナーとの間で解体合意による解決が図られ，110億円の補修工事関連損失引当金戻入益が発生しました。その結果，特別利益が110億円増加しました。

　一方，45期には，社有物件その他の資産に係る売却が機関決定されたことに伴い70億円の減損損失が計上されていたため，その分，49期の特別損失は減少し，結果としての税引前利益は50億円の減少にとどまりました。

⑤　当期純利益（親会社株主に帰属する当期純利益）

　49期では，翌期以降に係る課税所得の発生が見込まれたため，繰延税金資産が計上されました。これに伴いマイナスの法人税等が20億円計上された結果，最終利益である当期純利益は20億円の減少にとどまりました。

　売上高の減少や多額の補修費用の計上により，48期まで3期連続で赤字が計上されましたが，各種の抜本的施策が講じられた結果，49期にようやく黒字化が果たされました。

　一連の施工不備問題が発覚する以前は，当期純利益が200億円余り計上された時期もありましたから，当社はまだまだ回復途上にあるといえます。

3　損益管理の対象

　49期において黒字が計上されましたが，引き続き当社は十分な利益を獲得し，企業価値の向上を目指さなければなりません。そのためには，第1章で述べたように，入居率や売上を偏重することなく，担当者1人ひとりが業績を意識し，管理する姿勢が必要となります。その手法の1つが「損益管理」です。

(1)　原　則

　損益管理を行うためには，まず，会社の組織のどこで利益や損失が計上されているかを把握することが必要です。

　そのために，会社の損益は組織の最小単位で管理します。組織の最小単位とは，一般的には支店，営業所，店舗などの事業所（以下「支店」といいます）が該当します。組織をできるだけ細分化し，細分化された組織単位ごとに損益を算定し，これを管理するのです。

　損益を生み出す最小単位である支店ごとの業績を計算するような経営手法は広く一般に採用されていますが，いわゆる「アメーバ経営」の京セラの事業モデルや日本航空の再生モデルが有名です。「アメーバ経営」とは，組織をアメーバと呼ばれる独立採算で運営する小集団に分け，社員全員が小集団の経営に関与する経営手法をいいます。

　当社の同業他社においても支店単位で業績が算定されていることが，有価証券報告書その他の開示資料から読み取ることができます。

(2)　当社の課題

　当社の損益については，従前，事業部全体の損益しか算定されていませんでした。最近でこそ，全国を7つの地域ブロックに分けた上で，ブロックごとの損益が算定されていますが，支店ごとの損益は算定されていません。

　支店ごとの業績が把握できない場合，支店の評価も困難なものとなります。これは，支店担当者の評価も難しくなることを意味します。

　もちろん，ブロックごとの評価も行わなければなりませんから，当社としては，ブロックと支店の両方において損益の算定が必要となります。

　筆者は当社に入社後まもなく，支店別の損益が算定されていないことに気づきました。しかし，誰一人これに異を唱えていないため，筆者のほうが誤っているのかと不安になり，早々に京セラ創業者の稲盛氏の書籍を買い求めて，やはり筆者の考えに間違いのないことがわかって，一安心した記憶があります。

(3)　改善案

　支店単位で適切に業績を算定することによってはじめて支店の損益管理を行うことができ，また，支店および担当者の適正な評価が可能になります。

　ただ，支店損益の算定は上場会社においても必須の手続ではなく，算定していない会社も見受けられます。とはいえ，それではやはり丼勘定^{どんぶり}の感は否めません。

　少なくとも当社においては，従前のように95％余りの入居率を叩き出していた時代ならいざ知らず，80％台で推移するような状況では，より効率的な経営を目指さなければなりません。そもそも当社においては，いつまた入居率が低下するとも限りませんから，支店損益の算定によってきめ細かな損益管理を行うことは，必須の手続となります。

　筆者も監査法人の在籍時に，上場準備会社に対してアドバイザリーを行う際，すでに上場している同業他社が支店損益の算定を行っていなかったにもかかわらず，社内から多少の反発も出ましたが，支店損益の算定を推し進めた記憶があります。

　同業他社の上場の際は，それほど厳格な業績管理が求められなかったのかもしれませんが，現状においては，もはや必須の手続きと考えられたのです。

　もちろん，当社ほどの規模となれば，相当程度の労力が求められることは想像に難^{かた}くありません。しかし，是が非でもやり遂げなければなりません。

　なお，支店損益を算定する場合には，支店に対して損益管理に係る権限を付与することも必要です。当社の場合であれば，例えば，家賃の決定権や人事権を支店に付与することが必要となります。支店損益に対する責任を支店に負わせる以上，これに見合う権限を支店に付与すべきなのです。それが，支店担当者の損益管理への意識が高まることにもつながります。

【支店単位の損益管理によって担当者を評価】

| 支店単位の損益管理 | ⇨ | 支店担当者の評価 |

4　損益管理の指標

(1)　原　則

　それでは，損益管理の指標となる数値とはどのようなものでしょうか。

　会社の究極の目的は企業価値の向上であり，企業価値の源泉は会社の「利益」です。会社の利益には売上総利益，営業利益，経常利益などがありますが，特に重要な利益は，企業価値に直結する最終利益，すなわち「当期純利益」です。会社に限らず，投資家をはじめとする各種のステークホルダーが最も強い関心を示すのも，やはり当期純利益です。

　前述のとおり，会社のさまざまな利益は，損益計算書上の段階利益として算定され，最終利益として当期純利益が算定されます（1「損益計算書」参照）。

項目	金額
売上高	×××
売上原価	×××
売上総利益	×××
販売費及び一般管理費	×××
営業利益	×××
営業外収益	×××
営業外費用	×××
経常利益	×××
特別利益	×××
特別損失	×××
税引前利益	×××
法人税等	×××
当期純利益	×××

損益管理上，
特に重要な利益

(2) 当社の課題

　当社においては，損益管理の指標として，利益ではなく売上高や入居率といった業績指標が重視されています。最近でこそ，利益も指標として用いられつつありますが，少なくとも現場である支店においては，売上高や入居率のみが指標として用いられており，利益が採用されることはありません。

　なぜ，これらの指標が重視されているのでしょうか。

　前述したように，かつて当社の入居率は90％を超え，時には95％近く，ほぼ満室に近い場合もありました。このような高い入居率が確保される場合，確実に黒字が見込まれるため，損益管理の指標としての利益を重視せずとも，売上高や入居率だけに注目していれば，特に支障はなかったからだと考えられます。

　筆者が当社に入社以来，事業部の損益を検討するさまざまな会議体に出席した際，売上高や入居率といった指標が重視される一方，「当期純

利益」が会議の資料上において明瞭に示され，検討対象とされるような
ケースはほとんどありませんでした。

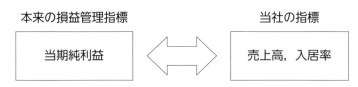

【損益管理は当期純利益を指標とする】

本来の損益管理指標		当社の指標
当期純利益	⟺	売上高，入居率

(3)　改善案

　ところが，施工不備問題によって入居率が大きく低迷した結果，当社
は赤字決算に陥り，もはや売上高や入居率だけでは損益管理が難しくな
りました。

　具体的にいえば，赤字決算となった原因，すなわち，どの地域の損益
が芳しくないのか，損益が振るわない地域のうちどの支店に問題がある
のかを把握するために，地域や支店ごとに損益を管理する必要が生じた
のです。損益管理の対象を各支店とし，また売上高や入居率ではなく当
期純利益を管理指標とするならば，必然的に支店に対する損益管理を実
施しなければなりません。

　当社が売上高や入居率だけを損益管理の指標としていればよかった時
というのは，ある意味，幸せな時代だったのかもしれません。

　前述したように，当社は賃貸アパートのサブリースを全国展開すると
いう極めて優れたビジネスモデルを確立しています。しかしながら，優
れたビジネスモデルは，ひとたび経営危機に陥ると，その弱点が露呈し
ます。当社のビジネスモデルは一定の入居率の確保を前提としているた
め，その前提が崩れれば，売上高や入居率だけでの損益管理はもはや困

難なものとなります。

　そこで，支店別の損益管理が求められるのですが，これは決して特別な手法ではなく，まさしく普遍的な手法です。

　売上高や入居率を用いた損益管理だけでも特段の支障もなく事業を営むことができた，かつての当社が恵まれていただけのことであり，今後はごく一般的なビジネスの手法に従った損益管理が求められるのです。

5　売上管理

　一般的な損益計算書の内容は前述したとおりですが，ここでは以下についての理解を前提として解説します。

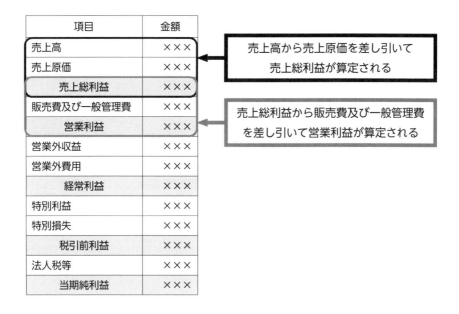

　損益計算書上の営業外損益は受取利息や支払利息などの本業以外の事業活動による損益が主たる項目であり，また，特別損益は臨時巨額の損

益であるため，支店とは直接的な関係が認められません。

　したがって，営業利益までの損益が支店担当者にとって管理可能と考えることとします。つまり，売上高，売上原価，販売費及び一般管理費が支店で管理可能な損益となります（管理可能利益については第8章「直接原価計算」参照）。

(1) 原　則

　まず，売上高に対する損益管理を実施します。

　売上高は，一般的には「数量×単価」で算定されますから，両者に対して管理を実施します。当社の場合では，数量は入居率として，単価は入居者家賃として反映されるため，入居率と入居者家賃が主たる管理対象となります。

【売上を各要素に分解】

(2) 当社の課題

　まず，入居率については，一連の施工不備問題によって落ち込んだ状態からの底上げを図らなければなりません。一時期は新型コロナウイルス感染症により，法人，個人ともに動きが鈍くなってしまったため，入居率の改善はより困難なものとなりましたが，感染拡大が沈静化したこ

38

ともあり，ようやくその影響は払拭されてきました。

　一方，入居者家賃については，家具家電付きという当社の特長が十分に反映されていないケースも散見されたため，改善の余地がありと判断されました。

　なお，入居率を確保するため，特に値引きが多用されましたが，これがかえって売上の伸び悩みを招くことになりました。この点についての詳細は次章で説明します（第3章①(2)③「現預金の伸び悩み」参照）。

【売上の要素ごとに課題を検出】

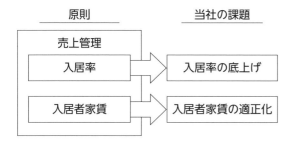

(3)　改善案

　損益管理の対象項目のうち，特に入居率の底上げは損益改善効果が高いものと考えられます。これまでは自前主義，すなわち自社のみの営業でしたが，仲介業者を利用することで，幅広く入居者の募集を図っていくこととなります。

　ただし，仲介業者による入居率向上は，仲介手数料の発生によりコストアップにつながることにも留意しなければなりません。

　一方，入居者家賃については，家具家電付きという当社の特長が十分に反映されるよう見直しを行います。

【売上の要素ごとに改善案を検討】

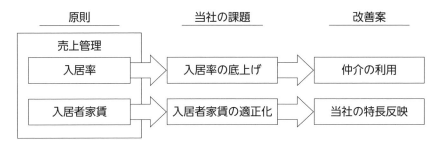

6　原価（費用）管理

(1)　原　則

次に，原価（費用）に対する損益管理を実施します。

前述のとおり，営業利益までの費用は売上原価と販売費及び一般管理費ですから，その両者を管理します。

当社の場合では，主たる原価であるアパート・オーナーからの借上家賃や賃貸アパートの管理原価などが管理対象となります。管理原価とは，アパートの清掃費や修繕費，備え付け家具家電のリース料および退去時の原状回復費などをいいます。

【原価（費用）を各要素に分解】

40

(2) 当社の課題

　アパート・オーナーからの借上家賃は，一連の施工不備問題に係る不祥事により２年間据え置かれていました。一般的には，時間の経過とともに賃貸物件の価値は下がりますから，それに比例するように家賃も下がることになります。このため従前では，借上契約の更新の際に，近隣相場を踏まえて家賃の見直しを行っていました。原価管理の実行を機に家賃の見直しを再開し，近隣相場との乖離が生じないよう，借上家賃の適正化を図ることとしました。

　一方，賃貸アパートの管理原価については，地域や業者間で大きな格差が生じている場合が見受けられました。そこで，これらを是正するとともに，管理原価をのものに係る支出の無駄がないかについても確かめることとなりました。

【原価（費用）の要素ごとに課題を検出】

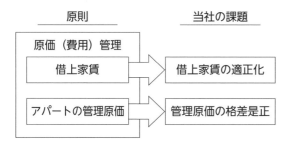

(3) 改善案

　アパート・オーナーからの借上家賃の適正化に際しては，まずはオーナーとの協議が必要となります。借地借家法により，当社の経営状態の悪化を理由に借上家賃の協議を行うことは認められないため，あくまで

近隣相場を参考に協議することに留意しなければなりません。

　一方，賃貸アパートの管理原価については，標準的な管理原価を定め，地域や業者間の格差是正を図ることとします。また，例えば賃貸アパートに係る清掃のタイミングなどの見直しを行います。

【原価（費用）の要素ごとに改善案を検討】

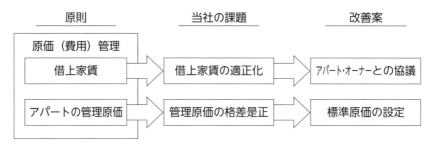

７　損益管理のタイミング

(1)　原　則

　損益管理の手法について述べてきましたが，管理の実効性を高めるためには，実施のタイミングも考慮されなければなりません。本書で説明する業績管理全般に共通する事項として，少なくとも月次で実施すべきと考えられます。

　上場会社における月１回の決算というのは，取締役会が毎月開催されることと平仄を合わせています。前月の月次決算の結果を受けて，取締役会において必要な対策が検討され，翌月中に実行に移されることになりますから，できるだけ早いタイミングで決算が締められている必要があります。具体的には，月次決算は遅くとも翌月の10日頃までに終了し

ていなければなりません。

　このような手続は，会社が上場を目指す際には必須となりますが，その必要性については，上場，非上場を問わず変わりはありません。

【月次決算は遅くとも翌月10日までに作成】

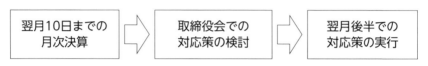

| 翌月10日までの
月次決算 | ⇨ | 取締役会での
対応策の検討 | ⇨ | 翌月後半での
対応策の実行 |

⑵　当社の課題

　当社においても，月次で決算が実施されています。しかし，そのタイミングに問題があります。月次決算が翌月半ばにならないと確定しないのです。これは，月次決算の基礎となる業務データの集計に時間がかかっていることによります。

　翌月半ばでの月次決算を受けて同月下旬に取締役会が開催されるため，必要なアクションに取りかかるまで1か月近くかかってしまいます。これでは，もはや経営判断のための決算情報としては旬が過ぎてしまっているおそれがあり，タイムリーな経営判断を逸してしまう可能性があるのです。

⑶　改善案

　それでは，月次決算の早期化のためには，どのような対策が講じられればよいのでしょうか。当社の月次決算は現状，期末決算並みの精度が確保されていますが，果たして，月次決算にそこまでの精度が求められるのかについて検討する必要があります。

　期末決算であれば，決算数値が公表されることもあり，相当程度の精度が求められるため，確定した業務データに基づいて決算が組まれる必

要があることはいうまでもありません。

　一方，月次決算は，まずは社内利用のために実施され，その精度よりも速報性が重視されます。したがって，経営判断にとって有用な数値であれば，多少の「粗さ」は許容されるのです。

　月次決算の確定に時間がかかる主たる要因の1つに，月末時点の未払いや前払いといった，いわゆる経過勘定項目の確定に時間を費やしていることがあります。こうした項目については，厳密に計算することなく，あらかじめ費用の発生額を見積ることにより，月次決算の早期化を図ります。

　仮に概算値と実績値との間に乖離が生じたとしても，多くの場合，誤差の範囲内でしかなく，経営判断に大きな影響を与えることはありません。迅速な経営意思決定のためには，たとえ月次決算に見積りの要素が含まれているとしても，特段の支障は生じないのです。

【見積りによる月次決算も十分に許容される】

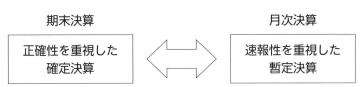

　なお，当社における実務上の留意点として，損益管理のタイミングについては，達成可能で現実的な落としどころを探りつつ，最終的には翌月5日までの月次決算を目指したいところです。あくまで，経営意思決定のための暫定決算で構わないのですから，当社の事業規模を考えれば，例えば百万円単位で算定されれば十分です。

　また，翌月5日までの作成を目指すために，比較的早めに締めることのできる，売上計上の基礎となる業務データを活用します。さらに，残

業代を含む経費の前払い・未払いについては，例えば年間の発生額を見積り，これを月次に割り当てることとします。

　もちろん，場合によってはシステム部署の協力が必要となるかもしれませんが，損益管理はしょせん，足し算引き算の世界であり，表計算ソフトで十分対応できると考えられます。

8 人事評価

(1) 原　則

　支店損益は支店担当者の人事評価に直結させなければなりません。人は人事評価に結びつかなければ動かないのです。

　月次の支店損益が算定されれば，支店担当者に対する人事評価も理論上は月次で実施することも可能になります。

　ただし，あまりに短期的な視点で評価すると，かえって支店担当者のやる気を削いでしまう可能性も否定できないため，中長期的な支店損益の向上こそが会社の最終目標である旨を，十分に支店に周知しておく必要があります。

(2) 当社の課題

　当社では支店損益が算定されていない点で，人事評価が適切に実施されているかどうかについては疑問が残ります。もちろん，支店損益以外の入居率その他の定量的な要素によって評価を実施することも可能です。しかし，これらは支店損益に関連する評価指標ではありますが，支店損益そのものとは異なり，支店損益ほど客観的な評価指標とはなりえません。

　定量的な評価指標が不十分なため，能力評価や取組姿勢といった定性

的な評価指標が重視され，評価の客観性を欠いてしまう可能性もあるの
です。支店損益という客観的な指標を用いることによって，評価に係る
公平性の確保を目指します。

【支店損益の算定により評価の客観性を確保】

本来の人事評価　　　　　　　　　　当社の人事評価

支店損益を主軸とした　　　　　　　定性的評価を重視した
客観的評価　　　　　　　　　　　　主観的評価の可能性

(3)　改善案

　当社においては，まずは支店損益を算定のうえ，これを主軸とした評
価指標を定めます。人事評価における客観性確保のために，支店損益を
社内で公表することも一法ですが，前述のように中長期的視点に立った
人事評価を心掛けます。
　月次の損益管理を徹底しすぎると，どうしても短期的な利益志向に陥
り，業務データの恣意的な操作や虚偽報告などの不正を招いてしまう可
能性も否めません。あくまで，中長期的な計画の達成度合いを検討する
ことが必要です。

【中長期的な視点から評価を実施】

月次のみを重視する　　　　　　経営目標に沿った
短期的な評価　　　　　　　　　中長期的な評価

第3章

現預金管理

48

1 業績管理の指標

(1) 原　則

　前章において，企業価値の源泉は利益であると述べました。すなわち，会社の最終利益である当期純利益を稼ぎ出す能力が企業価値の源泉となります。しかしながら，企業価値は正確には，「現預金（キャッシュ）」の創出能力いかんにかかっているといえます。

　もちろん，現預金が積み上がりさえすればよく，利益を重視しなくてよいといっているわけではありませんし，人材投資や設備投資を控えるべきといっているわけでもありません。利益を源泉としつつ，結果として会社全体の現預金が積み上がり，企業価値の向上につながることが必要です。

　会社がどれほど利益を稼いだとしても，それが企業価値に直接つながらない場合もあります。あくまで最終目標は現預金の増加であることを理解しつつ，業績向上を図らなければならないのです。

　例えば，以下のようなケースを考えてみます。

【設例1】
　以下について，会社の当期純利益と期末の現預金残高を算定してください。

（単位：百万円）

項目	金額	備考
期首の現預金残高	30	
当期の入居者家賃	200	当期に現金で入金
当期のアパート・オーナーからの借上家賃	160	当期に現金で支払

【解答】

　損益計算書は以下のように作成され，当期純利益は40百万円と算定されます。

（単位：百万円）

項目	金額	備考
売上高	200	入居者家賃は売上として計上
売上原価	160	アパート・オーナーからの借上家賃は売上原価として計上
売上総利益	40	
販売費及び一般管理費	－	
営業利益	40	
営業外収益	－	
営業外費用	－	
経常利益	40	
特別利益	－	
特別損失	－	
当期純利益	40	

（注）本章においては，簡便的に法人税等は０と仮定します。

　一方，期末の現預金残高は，

> 期首の現預金残高30百万円＋入居者家賃200百万円－アパート・オーナーからの借上家賃160百万円＝70百万円

となります。

【設例２】

　以下について，会社の当期純利益と期末の現預金残高を算定してください。

（単位：百万円）

項目	金額	備考
期首の現預金残高	30	

| 当期の入居者家賃 | 200 | 当期に掛売上，翌期に入金 |
| 当期のアパート・オーナーからの借上家賃 | 160 | 当期に現金で支払 |

【解答】

　損益計算書は【設例1】と同様，当期純利益は40百万円と算定されます。

　一方，期末の現預金残高は，

> 期首の現預金残高30百万円＋入居者家賃0百万円－アパート・オーナーからの借上家賃160百万円＝△130百万円

となります。

　【設例1】，【設例2】とも，当期純利益は40で変わりません。

　しかしながら，【設例2】は売上の入金が翌期に繰り越されたため，期末の現預金残高はマイナスとなっています。すなわち，当期純利益が計上されたにもかかわらず，資金ショートを起こしているわけです。どれほど利益を計上しようとも，このような状態になれば会社の存続は叶わず，もはや企業価値を喪失してしまっているのです。

　【設例2】の場合，会社存続のためには，掛売りではなく現預金による回収が必要となります。

　会社の経営は利益だけでは成り立たず，必ず現預金を積み上げなければなりません。ありていにいえば，「銭」を稼いでなんぼなのです。

　この設例からも明らかなように，企業価値の向上は利益を生み出すことではなく，究極的にはキャッシュをどの程度創出できるかにかかっています。したがって，企業価値を確かめるためには，損益のみならず現

預金を算定することが必要となります。

【管理指標として現預金がより重要】

| 利益：企業価値の源泉 | | 管理指標：損益 |

より重要

| 現預金：企業価値に直結 | | 管理指標：現預金 |

(2)　当社の課題

①　債務超過

当社の純資産額（資本）の推移は以下のとおりです。

（単位：百万円）

決算年月	第45期 （2018/3）	第46期 （2019/3）	第47期 （2020/3）	第48期 （2021/3）	第49期 （2022/3）
上場基準に定める 純資産額（注）	159,328	81,320	1,572	△ 8,105	1,425

（注）貸借対照表上の純資産額－非支配株主持分

　第1章でも述べたように，当社は施工不備問題を契機として，巨額の補修工事費用が発生し，入居率が大幅に低下したため，多額の損失が計上され，48期において東京証券取引所の上場廃止基準に定める債務超過（マイナスの純資産）となりました。債務超過に陥ると会社の信用が大きく毀損されるため，できるだけ早期の解消が必要となります。

　債務超過に伴うより直接的な影響として，仕入業者やリース会社など

から取引が打ち切られる場合も想定されます。取引停止とならないまで
も，取引先から保証金の差入れを要請されたり，諸経費については掛払
いではなく現金取引を求められるなど，それこそ真綿で締め付けられる
ように，事業活動にじわじわと支障が生じることになります。

② 資金ショート

　しかしながら，債務超過よりも会社の存続に関わることとして，現預
金残高をプラスに維持することのほうがより重要となります。

　たとえ債務超過に陥り，事業活動上，相当なダメージを受けたとして
も，何とか会社は生き延びることができるかもしれません。しかし，マ
イナスの現預金，すなわち資金ショートを起こした場合は会社の存続に
直結します。しょせん，債務超過は決算書上の話にすぎないのに対し，
現預金の不足はもはや会社の存続が不可能なことを意味します。

　当社においても，一時期は資金ショートが懸念される状況にまで陥っ
たものの，各種の施策を講ずることにより，何とか危機的状況を脱する
ことができました。何をおいても，まずはキャッシュが確保されなけれ
ばなりません。

【資金ショートは会社存続に直結】

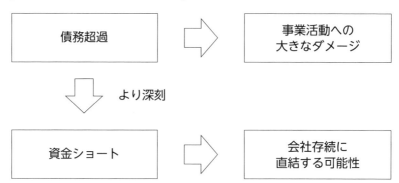

③　現預金の伸び悩み

　49期に入り，入居率向上のための各種施策が講じられた結果，どうにか入居率は底打ちしたものの，現預金がそれほど増加することはありませんでした。なぜでしょうか。

　入居率を獲得するために，値引きに走ったことがその一因です。値引きによって確かに入居率は上昇しますが，現預金はそれほど増加しません。

　特に，「フリーレント」と呼ばれる，入居契約後一定期間は家賃の支払を免除する販売手法が多用された結果，入居率は確保されましたが，ただちに現預金の増加には貢献しないため，経営層をやきもきさせることとなりました。

　掛売りを増やすことも同様です。前述のとおり，掛売りによって入居率は向上し，利益は増加しますが，現預金は増加しないのです。

(3)　改善案

　このように，利益は会社の現預金を生み出す源泉とはなりますが，必ずしも現預金の増加にはつながらないため，利益のみならず，現預金残高にも留意することが必要です。

　したがって，会社の損益と合わせて，現預金残高を定期的に把握することにより，現預金管理を徹底することが重要となります。

【現預金残高を定期的に把握】

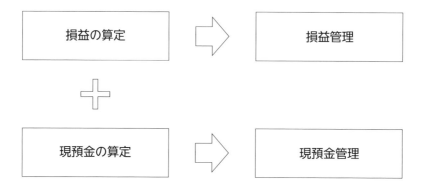

2 　現預金管理の対象

(1)　原　則

　第2章③「損益管理の対象」で述べたように，会社の損益は組織の最小単位で管理することが原則です。同様に，会社の現預金についても，組織の最小単位で管理しなければなりません。当社の場合では，支店ごとに現預金の増減を管理することが必要となります。

　ただし，例外もあります。

　例えば，複数の支店が相互補完関係にあるような場合，具体的には支店同士が近接しており，一方の支店の売上が減少すると，もう一方の支店の売上が増加するような場合は，複数の支店をまとめて管理するほうが有用な場合もあることに留意します。

(2)　当社の課題

　詳細は後述しますが，支店の現預金は支店の損益を基礎として算定します（③(1)「原則」参照）。もちろん，支店の現預金残高だけでしたら，支店の金庫や通帳を見れば，容易に確かめることができます。

　しかしながら，現預金の増減内容を把握することにより，はじめて有効な業績管理が可能となるため，支店損益を基礎として現預金を算定する必要があるのです。したがって，支店における現預金の算定のためには，まずは支店損益の算定を行わなければなりません。

　当社においては，現状，ブロックごとの損益しか算定されていませんが，まずは支店損益を算定した上で，現預金を算定します。支店ごとの現預金を算定することによってはじめて支店に対する有効な業績管理が可能となるのです。

【現預金はブロック単位でなく支店単位で管理】

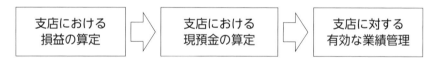

(3)　改善案

　支店の現預金を算定することにより支店を管理する場合，支店に対しては，損益管理や現預金管理に係る権限を付与しなければなりません。具体的には，入居者家賃やアパートの管理原価に係る値引きや掛取引に関する権限を付与します（第2章③(3)「改善案」，第4章③(3)「改善案」参照）。

　権限と責任を表裏一体のものとすることにより，支店担当者の現預金

管理への意識が高まります。会社全体における企業価値は支店における現預金創出能力の積上げにより形成されますから，支店担当者の意識が高まることで，企業価値の向上が期待されます。

【権限付与により管理意識の向上を図る】

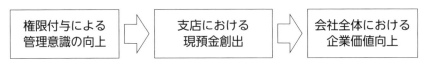

3 | 現預金管理（売上債権があるケース）

(1) 原 則

支店の利益に基づいて現預金を算定する場合，掛売りによって増加した売上は会社の利益から控除する必要があります。前述①の【設例2】を用いて算定してみます。

【設例2】

以下について，会社の当期純利益と期末の現預金残高を算定してください。

(単位：百万円)

項目	金額	備考
期首の現預金残高	30	
当期の入居者家賃	200	当期に掛売上，翌期に入金
当期のアパート・オーナーからの借上家賃	160	当期に現金で支払

【解答】

前述のとおり，損益計算書から当期純利益は40百万円と算定されます。

(単位：百万円)

項目	金額	備考
売上高	200	入居者家賃は売上として計上
売上原価	160	アパート・オーナーからの借上家賃は売上原価として計上
売上総利益	40	
……	…	
当期純利益	40	

また，期末の現預金残高は，

> 期首の現預金残高30百万円＋入居者家賃0百万円－アパート・オーナーからの借上家賃160百万円＝△130百万円

と算定されます。

一方，当期純利益を基礎として期末の現預金残高を算定する場合は，以下のように計算します。

$$\text{期末の現預金残高} = \text{期首の現預金残高} + \text{当期純利益} - \underset{\text{(受取手形，売掛金など)}}{\text{売上債権の増加額}}$$

売上債権とは，受取手形や売掛金など，売上に伴い発生する債権のことです。設例の場合，期末の現預金残高は以下のように算定されます。

> 現預金残高△130百万円＝期首の現預金残高30百万円＋当期純利益40百万円－売上債権の増加額200百万円

前述のとおり，40百万円の当期純利益が計上されたにもかかわらず，

58

現金ではなく掛売りとしたため現金回収が翌期に繰り越された結果，資金ショートを起こしたのです。

特にこの算式を覚える必要はありませんが，掛売りの場合，どれほど利益が計上されても売上債権が増加するだけで，すぐには現預金が増加しないことに留意する必要があります。

支店における最終的な業績評価の指標は利益ではなく，現預金の増加額です。どれほど利益が増えたとしても現預金が増えなければ，企業価値の向上にはつながらないのです。

(2) 当社の課題

当社の場合，原則として入居者家賃は前払いですから，売上が計上される入居開始前から現預金による回収が行われます。売上計上に先行して現預金が増加するというビジネスモデルは，現預金管理上，理想的なモデルといってもよいかもしれません。家賃の前払いというわが国の商慣習が当社の現預金の早期回収を支えているのです。

一方，一部の入居契約については，掛売り（家賃の後払い）が行われています。この場合，売上が計上されてもすぐには現金回収できず，入金が遅れる場合も十分に考えられることに留意しなければなりません。売上債権をすみやかに回収してこそ，現預金が増加するのです。

なお，回収が遅延している債権を「滞留債権」といいますが，滞留債権は家賃に限った話ではありません。例えば，賃貸アパートの原状回復費として，当社は退去者から解約清算金を徴収します。解約清算金も債権の一種であり，その回収が遅延する場合も，現預金が伸び悩むことになります。

また，当社は介護事業を営んでおり，介護保険が適用されるサービスを提供する場合，介護サービスに係る売掛金が発生します。ただし，この売掛金の多くは国に対する債権ですから，滞留する可能性は極めて低

いため，特に債権回収に留意する必要はありません。

【回収遅延により現預金が伸び悩み】

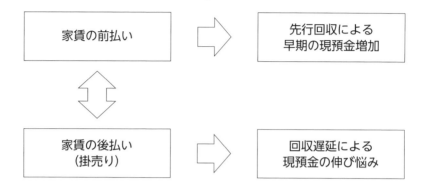

(3)　改善案

　たとえ利益が計上されても，現預金が増加しなければ，企業価値の向上には結びつかないため，利益よりも現預金について意識を高める必要があります。

　掛売りや解約清算金を含めて，現預金として回収されてはじめて企業価値の向上に資するため，債権の早期回収を心掛ける必要があります。そのためには，支店の損益のみならず，滞留債権の発生を定期的に把握することにより，適時にその解消に努めることが求められます。

【早期回収により現預金が増加】

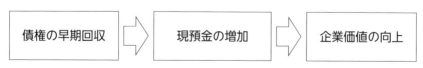

4 現預金管理（仕入債務があるケース）

(1) 原 則

　支店の利益に基づいて現預金を算定する場合，掛払いによって増加した仕入債務は会社の利益に加えます。例えば，以下のようなケースを考えてみます。

【設例】

　以下について，会社の当期純利益と期末の現預金残高を算定してください。

（単位：百万円）

項目	金額	備考
期首の現預金残高	30	
当期の入居者家賃	200	当期に現金で入金
当期のアパート・オーナーからの借上家賃	160	当期に掛払い，翌期に支払（注）

（注）当社における実際の施策として，掛払いその他の検討は行っていません。

【解答】

　損益計算書は以下のように作成され，当期純利益は40百万円と算定されます。

（単位：百万円）

項目	金額	備考
売上高	200	入居者家賃は売上として計上
売上原価	160	アパート・オーナーからの借上家賃は売上原価として計上
売上総利益	40	

販売費及び一般管理費	ー	
営業利益	40	
営業外収益	ー	
営業外費用	ー	
経常利益	40	
特別利益	ー	
特別損失	ー	
当期純利益	40	

　また，期末の現預金残高は，

> 期首の現預金残高 30 百万円 + 入居者家賃 200 百万円 = 230 百万円

となります。

　一方，当期純利益を基礎として期末の現預金残高を算定する場合は，以下のように計算します。

> 期末の現預金残高 = 期首の現預金残高 + 当期純利益 + 仕入債務の増加額（支払手形，買掛金など）

　仕入債務とは，支払手形や買掛金など，仕入に伴い発生する債務のことです。設例の場合，期末の現預金残高は以下のように算定されます。

> 現預金残高 230 百万円 = 期首の現預金残高 30 百万円 + 当期純利益 40 百万円 + 仕入債務の増加額 160 百万円

　40百万円の当期純利益に対して，160百万円のアパート・オーナーからの借上家賃を掛払いとし，現金の支払が翌期に繰り越された結果，現預金残高が大幅に増加したのです。

　この算式も覚える必要はありませんが，掛払いによる場合，たとえ当

期純利益が小さくても仕入債務が増加するため，現預金が増加すること
に留意する必要があります。

　支店の最終的な業績評価の指標は，利益ではなく現預金の増加額です。
それほど利益が計上されなくても，現預金が増えれば企業価値の向上に
つながるのです。

(2)　当社の課題

　売上計上から入金までの期間を「受取サイト」といい，費用計上から
支払までの期間を「支払サイト」といいます。受取サイトはできるだけ
短く，支払サイトはできるだけ長いほうが現預金管理上，望ましいとい
えます。

　かつて，当社において支払サイトの短縮が検討された時期がありまし
たが，少なくとも当社のほうからいたずらに支払サイトの短縮を取引先
に申し出るようなことは，できるだけ避けなければなりません。せっか
く，売上計上に先行して売上代金が回収されるという理想的な受取サイ
トを有しているにもかかわらず，支払サイトの短縮は当社の強みを放棄
してしまうことにもなりかねません。

(3)　改善案

　賃貸事業であれ請負事業であれ，どのような事業であっても，受取サ
イトは短めに，支払サイトは長めに設定することが，現預金の増加，ひ
いては企業価値の向上につながることに留意する必要があります。

　もちろん，取引先の事情もあり，支払サイトの延長は現実的には困難
な場合も多いかもしれませんが，少なくとも，１つひとつのこうした取
引の積み重ねが企業価値に直結することについて，十分に意識する必要
があります。

【受取サイトは短めに，支払サイトは長めに】

5 　現預金管理（棚卸資産があるケース）

(1) 原　則

　売上債権と同様，支店の利益に基づいて現預金を算定する場合，増加した棚卸資産は会社の利益から控除します（③「現預金管理（売上債権があるケース）」参照）。

　土地を仕入れ，その上に賃貸アパートを建築して販売する事業を想定して，例えば，以下のようなケースを考えます。

【設例】
　以下について，会社の当期純利益と期末の現預金残高を算定してください。

(単位：百万円)

項目	金額	備考
期首の現預金残高	30	
当期の不動産（土地付き賃貸アパート）販売	200	当期に現金で入金
当期の不動産（土地）仕入	300	当期に現金で支払
期末の不動産（土地）残高	140	期首の不動産（土地）残高は0

【解答】

損益計算書は以下のように作成され，当期純利益は40百万円と算定されます。

(単位：百万円)

項目	金額	備考
売上高	200	不動産（土地付き賃貸アパート）販売は売上として計上
売上原価	160	当期の不動産（土地）仕入300－期末の不動産（土地）残高140は売上原価として計上
売上総利益	40	
販売費及び一般管理費	－	
営業利益	40	
営業外収益	－	
営業外費用	－	
経常利益	40	
特別利益	－	
特別損失	－	
当期純利益	40	

また，期末の現預金残高は，

> 期首の現預金残高30百万円＋不動産販売200百万円－不動産仕入300百万円＝△70百万円

となります。

一方，当期純利益を基礎として期末の現預金残高を算定する場合は，以下のように計算します。

$$期末の現預金残高 = 期首の現預金残高 + 当期純利益 - 棚卸資産の増加額（商品，製品，仕掛品など）$$

設例の場合，期末の現預金残高は以下のように算定されます。

現預金残高△70百万円＝期首の現預金残高30百万円＋当期純利益40百万円－棚卸資産の増加額140百万円

40百万円の当期純利益が計上されたにもかかわらず，販売用不動産が売れ残った結果，資金ショートを起こしたのです。売れ残りが生じると，たとえ利益が計上されても棚卸資産が増加することにより，現預金が増加しない場合があることに留意する必要があります。

支店の最終的な業績評価の指標は利益ではなく，現預金の増加額です。どれほど利益が増えたとしても，現預金が増えなければ企業価値の向上にはつながらないのです。

なお，当社においては，有価証券報告書上，主に以下の棚卸資産が計上されています。

（単位：百万円）

	第45期 （2018年3月31日）	第49期 （2022年3月31日）	備考
販 売 用 不 動 産	952	693	
仕掛販売用不動産	2,571	－	建築中の販売用不動産
未 成 工 事 支 出 金	458	213	建築中の賃貸アパートに係る工事代金

施工不備問題により土地や賃貸アパートなどの販売取引が縮小した結果，棚卸資産は減少しましたが，近い将来，不動産開発事業の本格的

な再開とともに棚卸資産も増加することが予想されます。

(2) 当社の課題

　在庫が増えると現預金残高が減ってしまうというリスクがありますが，当社の場合，それほど在庫リスクは大きくありません。

　まず，アパートの賃貸事業については，それほど在庫が発生していません。たとえ賃貸アパート用の修繕部品を多く抱えているにせよ，当社の資産規模から見れば大した金額ではありません。

　また，賃貸アパートの請負事業においては，期末に建築中のアパートがあれば在庫として計上されますが，当社の場合，アパート・オーナーからの注文後に建築に取りかかるため，売れ残りが出づらいことが，もう１つの理由です。

　ただし，今後，不動産開発が再開され，在庫の売れ残りが生じるような事態に陥れば，現預金残高が大きく減少する可能性があります。

　一般的に不動産の売れ残りは，不動産の販売が芳しくないケースや不動産を仕入れすぎるような場合に発生します。例えば，景気の悪化により土地付きアパートの販売が難しくなったり，過剰に土地を仕入れれば，たちまち棚卸資産が膨らんでしまいます。こうした不動産販売は，たとえ利幅が大きくとも多額の在庫を抱え込む可能性があるため，ハイリスクなビジネスであることに留意する必要があります。

(3) 改善案

　長期間売れ残っている在庫を「滞留在庫」といいます。滞留在庫が発生すると現預金残高が減少しますから，仕入れた不動産はすみやかに販売しなければなりません。例えば，アパート建築のために土地を仕入れたら，いたずらに土地を寝かすことなく，早々に建築に着手し，販売します。

　一般的に，在庫は滞留すればするほど，販売が難しくなります。季節商品であれば，時季が過ぎれば販売が難しくなりますし，商品そのものが傷んでしまう可能性もあります。不動産の場合は，このような陳腐化や商品価値が毀損する可能性は高くはありませんが，1件当たりが高額なため，それだけ業績へのダメージが大きくなります。

　すみやかな滞留在庫の解消により現預金が増加して，企業価値向上につながることを十分に理解する必要があります。そのためには，損益のみならず，滞留在庫の有無を定期的に把握することにより，適時にその解消に努めることが求められます。

【滞留在庫の解消により現預金が増加】

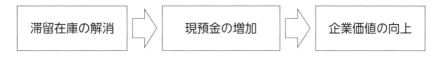

6　現預金管理のタイミング

(1)　原　則

　それでは，現預金管理はどの時点で実施したらよいのでしょうか。

　やはり，損益管理と同様，少なくとも取締役会が開催される月次ごとに実施すべきと考えられます（第2章⑦「損益管理のタイミング」参照）。取締役会においては，前月における月次決算の結果を受けて翌月の後半に必要な対策を講じることになりますから，月次決算は遅くとも翌月の10日頃までには終了している必要があります。

(2)　当社の課題

　現預金残高は月次決算の一環として利益を基礎に算定されますが，当社の月次決算は翌月半ばにならないと締まりません。

　翌月半ばでの月次決算を受けて同月下旬に取締役会が開催されるため，対応策の実行に１か月近く要しています。

(3)　改善案

　月末時点の未払いや前払いといったいわゆる経過勘定項目の確定に時間を要しているため，月次決算の確定に時間がかかっています。経過勘定項目については概算値によることで，月次決算の早期化を図ります。

7 　人事評価

(1)　原則

　支店損益と同様，現預金の増加額についても，支店担当者の人事評価に直結させなければなりません（第２章⑧「人事評価」参照）。月次での現預金の増加額が算定されれば，支店担当者の人事評価も月次で実施することが可能となります。

　ただし，短期的な視点だけではなく，中長期的な視点での評価を実施することが望まれます。

(2)　当社の課題

　当社においては，企業価値に直結する現預金の増加額が支店ごとに算定されておらず，したがって，適切な人事評価が十分に実施されているとはいえません。入居率や定性的な評価指標に加えて，現預金の増加額

という客観的な評価指標を用いることによって，評価に係る公平性の確保を図ります。

⑶　改善案

　当社においては，まずは，現預金の増加額を算定のうえ，これを主軸とした評価指標を定めます。

　損益を評価指標とする場合であれば，損益予算の達成度や会社全体の損益に対する貢献度を基礎として評価を行うことと同様に，現預金予算の達成度や会社全体の現預金増加額に対する貢献度を尺度として評価を実施します。

　人事評価における客観性確保のためには，できれば現預金の増加額は社内で公表され，担当者間で共有されることが望まれます。

　ただし，あまりに数値一辺倒の管理では，数値が不当に操作されたり，担当者間の協力関係が希薄化するなどの弊害が生じる可能性があります。現預金の増加額が主要な評価指標となるとはいえ，現預金の増加額という月次の結果のみならず，中長期的な計画に対する達成度を検討することが必要です。

【中長期的な視点から評価を実施】

月次のみを重視する
短期的な評価

経営目標に沿った
中長期的な評価

8 まとめ

(1) 原 則

　支店が責任を負うべき数値は，企業価値に直結する現預金の増加額です。支店損益も重要な管理指標とはなりますが，現預金の増加要因という企業価値の源泉にすぎません。利益がいくら増加したとしても，現預金の増加に直結しない場合もあるのです。

　現預金の増加額を算定するためには，以下のように支店の利益に売上債権などの要素を加味します。

【設例】

　以下について，期末の現預金残高を算定してください。

(単位：百万円)

項目	金額	備考
期首の現預金残高	30	
当期純利益	40	
期末の売上債権	10	期首の売上債権は 0
期末の仕入債務	20	期首の仕入債務は 0
期末の棚卸資産	30	期首の棚卸資産は 0

【解答】

　当期純利益を基礎として期末の現預金残高を算定する場合は，以下のように計算します。売上債権や棚卸資産が増加すると現預金残高は減少し，仕入債務が増加すると現預金残高は増加します。

$$\begin{array}{c}\text{期末の}\\\text{現預金残高}\end{array}=\begin{array}{c}\text{期首の}\\\text{現預金残高}\end{array}+\begin{array}{c}\text{当期}\\\text{純利益}\end{array}-\begin{array}{c}\text{売上債権}\\\text{の増加額}\end{array}+\begin{array}{c}\text{仕入債務}\\\text{の増加額}\end{array}-\begin{array}{c}\text{棚卸資産}\\\text{の増加額}\end{array}$$

　したがって，設例の場合，期末の現預金残高は以下のように算定されます。

> 現預金残高 50 百万円＝期首の現預金残高 30 百万円＋当期純利益 40 百万円－売上債権の増加額 10 百万円＋仕入債務の増加額 20 百万円－棚卸資産の増加額 30 百万円

(2) 当社の課題

　当社の場合，ブロック単位で損益が算定されているにすぎません。当社における組織の最小単位は支店ですから，損益のみならず現預金を支店単位で算定し，これを人事評価に反映させることが必要です。

　また，現預金の増加額について支店に対して責任を負わせる以上，責任に見合う権限を支店に付与することが必要です。

　さらに，支店の現預金は翌月の10日を目途に算定することに留意します。

(3) 改善案

　支店の現預金残高を増加させるためには，上記計算式の計算要素ごとに検討してみます。

① 当期純利益の増加

　当期純利益を増加させるためには，売上を増やすか，原価（費用）を減らします（第２章⑥「原価（費用）管理」参照）。

（ⅰ）　売上の増加

　施工不備問題が発覚して以降，入居率が継続的に低迷しているため，仲介業者への委託を始めました。

　また，入居率を確保するため，値引きやフリーレントが多用されましたが，現預金の増加という観点からは，できるだけ控えるようにします。

（ⅱ）　原価（費用）の減少

　施工不備問題の発覚以降，2年間はアパート・オーナーからの借上家賃の更新が見送られましたが，近隣相場を参考に借上家賃の適正化が図られました。

　また，清掃や修繕のタイミングを見直すとともに，賃貸アパートの管理原価に係る標準的な原価を設定し，地域や業者間のばらつきが是正されました。

②　売上債権の減少

　入居者家賃が後払いで行われる場合，売掛金が発生します。売掛金の発生は現預金の増加の先延ばしになるため，できるだけその発生を抑えるか，早期の回収を図り，滞留債権の発生を防ぎます。

　なお，退去者から徴収する解約清算金についても，早期の回収を図ります。

③　仕入債務の増加

　取引先に対する費用の支払については，支払期限が契約によって定められているため，当社の支払が遅延しない限り，仕入債務が増加することはありません。しかし，少なくともいたずらに支払期限の前倒しを行わないことが必要です。

④　棚卸資産の減少

　現預金を増加させるためには，棚卸資産を長期間にわたって保有しないことが必要です。

　一般的に，棚卸資産の長期保有は陳腐化や価値下落のリスクがあるため，滞留在庫の有無を定期的に把握し，滞留在庫の解消に努めることが必要です。

【現預金残高の計算要素ごとに検討】

当期純利益の増加 （売上の増加，原価の減少）	売上債権の減少 仕入債務の増加 棚卸資産の減少

現預金の増加

第4章

資産・負債管理

　前章において現預金管理について述べましたが，この現預金を当期純利益から計算するに際して加減する売上債権（受取手形や売掛金），棚卸資産，仕入債務（支払手形や買掛金）は，いずれも貸借対照表の勘定科目です。損益管理に加えて，現預金管理を含む貸借対照表の勘定科目も合わせて管理することで，より厚みのある業績管理を目指します。

　以下では，まず一般的な貸借対照表の内容ついて，次に当社の貸借対照表について説明し，その後，資産・負債管理の具体的な内容を解説します。

1 貸借対照表

(1) 概　要

　貸借対照表は以下のとおり，資産，負債，純資産から構成されます。なお，表の左側を「借方」，右側を「貸方」といいます。

借方	貸方
資産	負債
	純資産

　例えば，自ら100円を出資し，銀行から100円を借り入れ，合計200円の資金を調達して事業を始めるケースを考えます。

　調達された資金として借方に200円の現預金が計上される一方，銀行からの借入れとして貸方に100円の借入金が計上されるとともに，自らの出資分として貸方に100円の資本金が計上されます。

借方		貸方		
資産		負債（他人資本）		
現預金	200	借入金	100	資金の調達源泉
		純資産（自己資本）		
		資本金	100	
資産合計	200	負債純資産合計	200	

　貸借対照表のうち，貸方は「資金の調達源泉」を表します。特に，どこから資金を調達したのかの相違を明確にして，負債を「他人資本」，純資産を「自己資本」という場合もあります。

　一方，貸借対照表の借方は「資金の運用形態」を表します。

　例えば，上記の例で，商品200円を現金で仕入れた場合，貸借対照表は以下のとおりです（資産合計は「総資産」ともいいます）。

	借方		貸方	
資金の運用形態	資産		負債	
	商品	200	借入金	100
			純資産	
			資本金	100
	資産合計（総資産）	200	負債純資産合計	200

　このように，貸借対照表の貸方は資金の調達源泉，借方は資金の運用形態を表し，資金の調達額と運用額は一致しますから，貸借対照表上の借方合計と貸方合計は必ず一致することになります。

(2) 資産項目の分類

　貸借対照表の資産項目は，「現金化しやすいかどうか」によって流動資産と固定資産とに分類されます。

　具体的には，売掛金や棚卸資産のように営業活動により生じる資産や1年以内に現金や費用などとなる資産は，現金化しやすい資産として流動資産に分類され，それ以外の資産は固定資産に分類されます。

　固定資産はさらに，有形固定資産，無形固定資産，投資その他の資産に分類されます。

		借方	（例）
「現金化しやすい」	流動資産	営業活動で生じる	売掛金 棚卸資産
		1年内に現金・費用化	有価証券 前払費用
「現金化しにくい」	固定資産	有形固定資産	土地 建物
		無形固定資産	のれん ソフトウェア
		投資その他の資産	投資有価証券 長期貸付金

(3) 負債項目の分類

　一方，貸借対照表の負債項目は，「返済が早めに行われるかどうか」によって流動負債と固定負債とに分類されます。

　具体的には，支払手形や買掛金のように営業活動により生じる負債や

　１年以内に返済される負債は，返済が早めに行われる負債として流動負債に分類され，それ以外の負債は固定負債に分類されます。

<table>
<tr><td></td><td colspan="2">貸方</td><td>（例）</td></tr>
<tr><td rowspan="2">「早めに返済」</td><td rowspan="2">流動負債</td><td>営業活動で生じる</td><td>支払手形
買掛金</td></tr>
<tr><td>１年内に返済</td><td>短期借入金
未払費用</td></tr>
<tr><td>「遅めに返済」</td><td colspan="2">固定負債</td><td>社債
長期借入金</td></tr>
</table>

⑷　純資産項目の分類

　貸借対照表の純資産項目は「資本」ともいい，出資者からの「元手」と会社が稼いだ「利益」とに分類されます。このうち，元手の部分は，あらかじめ金額が定められた資本金と資本金以外の資本剰余金とに分類され，利益の部分は利益剰余金として分類されます。

　なお，例えば大幅な赤字決算により利益剰余金がマイナスとなれば，純資産合計もマイナスとなる可能性があります。

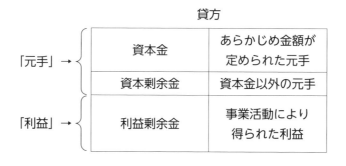

⑸ 貸借対照表と損益計算書の関係

　本章の冒頭において，損益管理とともに資産・負債管理を行うことが業務管理上，有用である旨を述べました。

　本章で説明する貸借対照表と第2章「損益管理」で述べた損益計算書は，まさに密接不可分な関係にあり，例えば，貸借対照表の純資産は損益計算書で算定された利益を積み上げて計上されることになります。

　具体的には，貸借対照表の利益剰余金は，損益計算書の当期純利益に基づいて算定され，貸借対照表は，損益計算書と当期純利益を通じてつながることになります。

【貸借対照表と損益計算書は利益でつながる】

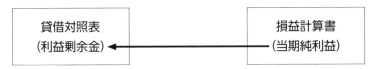

2　当社の貸借対照表

　以下では，当社の施工不備問題が発覚する直前の45期と業績が底打ちした49期の貸借対照表（連結）について，資産と負債・純資産に分けて説明します（第7章②「【参考】当社の財務諸表　連結貸借対照表」参照）。

(1)　資産の部

（単位：百万円）

		第45期 (2018年3月31日)	第49期 (2022年3月31日)
現金及び預金	①	106,543	45,523
売掛金	②	7,626	8,618
完成工事未収入金		1,957	443
売上債権計		9,584	9,061
有価証券		462	200
販売用不動産	③	952	693
仕掛販売用不動産		2,571	－
未成工事支出金		458	213
原材料及び貯蔵品		528	405
棚卸資産計		4,510	1,312
前払費用		3,544	1,634
………		………	………
流動資産合計		138,661	60,161
建物及び構築物	④	42,705	18,852
機械装置及び運搬具		12,547	7,534
土地	④	63,638	31,269
………		………	………
有形固定資産合計		143,344	64,652
のれん	⑤	2,886	6
………		………	………
無形固定資産合計		10,988	3,136
投資有価証券	⑤	17,999	5,180
長期貸付金		513	1,126
………		………	………
投資その他の資産合計		43,823	17,480
固定資産合計		198,156	85,269
………		………	………
資産合計		337,257	145,430

　損益計算書は会社の「取引規模」を示しますが，貸借対照表は会社の「財政規模」を示します。貸借対照表の資産項目について検討する場合，個々の各勘定項目の金額よりも，まず各項目の合計金額を確かめることによって，会社の財政規模を理解することから始めます。

　当社の場合，49期の総資産（資産合計）は1,450億円で，うち流動資産が600億円，固定資産が850億円です。

　一方，施工不備問題前の45期においては，総資産（資産合計）は3,000億円を超え，うち流動資産が1,380億円，固定資産が1,980億円でした。45期と比べると，49期の総資産は半分以下に減少しています。

　体重100キロの人が50キロまで減ったら，見た目もまったく変わってしまいます。同様のことが決算書についてもいえ，いかに劇的な減少であったかが理解できると思います。これは主に，業績立て直しのために会社所有の賃貸アパートや上場会社株式，子会社株式などが相次いで売却されたことによります。

　それでは，当社の主要な資産項目について検討します。

①　現金及び預金

　45期においては1,000億円を超える現預金が保有されていましたが，49期においては400億円台と半分以下に減少しました。これは，施工不備問題による入居率の低下に伴い，売上減少や賃貸アパートの建築に係る請負工事がほぼ消滅したことに加えて，多額の補修工事費用が発生したことによる減少です。

　一時期は現預金残高が400億円を割り込んでしまい，アパート・オーナーからの借上家賃をはじめ諸費用の支払に行き詰まってしまう可能性すら生じることとなりました（第3章①(2)②「資金ショート」参照）。

②　売上債権

　当社の賃貸アパートの入居者家賃は原則として前払いですので，売掛金は発生しません。49期においても，売上高は4,000億円程度であるのに対し，売掛金はたかだか80億円と，売上規模に比べて僅少な金額となっており，目立った増減はありません（第3章③(2)「当社の課題」参照）。

　一方，賃貸アパートの建築に係る売上債権は，貸借対照表上，「完成工事未収入金」という勘定科目で計上されます。施工不備問題により賃貸アパートの建築に係る受注が大幅に落ち込んだ結果，請負事業の縮小とともに完成工事未収入金も減少しました。

③　棚卸資産

　不動産を仕入れて売却したり，土地を仕入れて賃貸アパートを建築し，アパート付き土地として売却する場合に計上される棚卸資産として，「販売用不動産」や「仕掛販売用不動産」があります。いずれも，45期から減少しています。

　一方，期末時点において建築中の賃貸アパートは貸借対照表上，「未成工事支出金」として棚卸資産に計上されます。前述のとおり，賃貸アパートの建築に係る請負事業の縮小に伴い，未成工事支出金も減少しました（第3章⑤(1)「原則」参照）。

④　有形固定資産

　アパート・オーナーが所有する賃貸アパートを借り上げ，これを入居者に貸し出すことが当社の主たる事業ですが，当社自らが賃貸アパートを所有し，入居者に貸し出す場合もあります。これを自社物件といい，「建物及び構築物」や「土地」として計上されていましたが，資金ショートを回避するためまとめて売却された結果，大きく減少しました。

⑤　無形固定資産，投資有価証券

　資金ショート回避のために「売れるものはすべて売る」というスタンスで，グループ会社の株式や上場株式が売却されました。これに伴い，「投資有価証券」やグループ会社の株式を取得する際に生じた「のれん」も減少することとなりました。

⑵　負債・純資産の部

　負債・純資産項目についても，個々の各勘定項目の金額よりも，まず各項目の合計金額を確かめることによって，会社の財政規模を理解することから始めます。

　当社の場合，49期の負債・純資産合計は1,450億円で，うち負債が1,340億円，純資産が110億円です。45期では，負債・純資産合計は3,000億円を超え，うち負債が1,770億円，純資産が1,590億円であり，前述と同様，45期と比べると，49期の負債・純資産合計は半分以下に減少しています。

　これは，会社の取引規模の縮小に伴い負債が減少したことにもよりますが，3期連続の赤字計上により，利益剰余金が1,350億円のマイナス残高（欠損金）にまで落ち込んだことが主たる要因です。

　それでは，当社の主要な負債・純資産項目について検討します。

（単位：百万円）

		第45期 （2018年3月31日）	第49期 （2022年3月31日）
買掛金	①	4,245	2,552
工事未払金		9,283	427
仕入債務計		13,529	2,980
‥‥‥‥		‥‥‥‥	‥‥‥‥
前受金	②	39,964	31,733
補修工事関連損失引当金	③	—	1,941
空室損失引当金		—	4,218
‥‥‥‥		‥‥‥‥	‥‥‥‥
流動負債合計		100,212	59,542
長期借入金		16,643	30,429
‥‥‥‥		‥‥‥‥	‥‥‥‥
長期前受金	②	15,853	7,151
補修工事関連損失引当金	③	—	16,145
‥‥‥‥		‥‥‥‥	‥‥‥‥
固定負債合計		77,606	74,854
負債合計		177,819	134,396
資本金	④	75,282	100
資本剰余金		45,235	136,345
利益剰余金	⑤	37,839	△135,749
‥‥‥‥		‥‥‥‥	‥‥‥‥
純資産合計		159,438	11,034
負債純資産合計		337,257	145,430

前受金＋長期前受金	②	55,818	38,885
補修工事関連損失引当金 （流動負債＋固定負債）	③	—	18,086

① 仕入債務

　当社の支払サイト（費用計上から支払までの期間）は比較的短いため，仕入債務の金額はそれほど多額とはなりません。仕入債務のうち買掛金は，施工不備問題に伴う取引規模縮小のため，45期の40億円から49期には20億円に減少しています。

　一方，賃貸アパート建築に係る仕入債務は，貸借対照表上，「工事未払金」という勘定科目で計上されます。施工不備問題により賃貸アパートの建築に係る受注が大幅に減少し，請負事業の縮小とともに工事未払金も大幅に減少しました。

②　前受金・長期前受金

　入居者家賃は前払いですので，受け取った家賃は貸借対照表上，流動負債の「前受金」や固定負債の「長期前受金」として計上されます。なお，前受金は1年以内に売上に振り替わる前受分をいい，長期前受金は1年を超えて売上に振り替わる前受分をいいます。

　前受金，長期前受金とも，賃貸事業の縮小により減少しています（表の下段参照）。

③　補修工事関連損失引当金

　賃貸アパートの施工不備に係る補修工事費用や付帯費用の発生に備えるため，不備の発生率などに基づき補修工事関連損失引当金が計上されています。このうち，1年内に補修が行われる引当部分が流動負債，1年を超えて補修が行われる引当部分が固定負債として計上されています。

　引当額は一時期500億円を超えていましたが，補修方法の見直しやアパート・オーナーとの金銭合意などにより，49期には180億円まで減少しました（表の下段参照）。

④　資本金・資本剰余金

　経営の立て直しのために，財務体質の改善や税務上の影響も踏まえ，49期に1億円までの減資が行われ，減少分は資本剰余金に振り替えられました。

⑤ 利益剰余金

　45期に370億円計上されていた利益剰余金が，49期には1,350億円の欠損金（マイナスの利益剰余金）まで減少しました。利益剰余金の減少は，多額の赤字が計上されたことによります。

　なお，利益剰余金の減少に伴い純資産も110億円まで減少し，もはや債務超過寸前の状況といえます（第3章①(2)①「債務超過」参照）。

3　資産・負債管理の対象

(1)　原　則

　損益と資産・負債は車の両輪であり，一体的に管理する必要があります。

　前述したように，利益を稼ぎ出す能力は企業価値の源泉にすぎず，会社の企業価値は現預金の創出能力にかかっています（第3章①(1)「原則」参照）。

　現預金残高は，損益計算書で計上される当期純利益を基礎として，貸借対照表で計上される売上債権，棚卸資産，仕入債務などの資産・負債項目の増減を加味した上で算定されます。したがって，現預金の創出能力を高めるためには，損益管理と合わせて資産・負債管理も行うことが必要となります。

　損益と資産・負債の一体的管理を前提として，会社の損益は組織の最小単位で管理することが原則ですが，会社の資産・負債についても，組織の最小単位で管理する必要があります（第2章③「損益管理の対象」参照）。支店の損益のみならず，資産・負債を合わせて算定することによって，支店に対するより厚みのある業績管理が可能となります。

【損益と合わせて資産・負債を管理】

支店における 損益計算書の作成	⇨	支店における 貸借対照表の作成	⇨	より厚みのある 業績管理

(2)　当社の課題

　当社の場合では，地域ブロックではなく支店ごとに資産・負債を管理します。ただし，業績管理の目的は支店における現預金残高の増加にありますから，資産・負債管理のうち現預金が主たる管理項目となります。

　当社においては，現状，会社全体の貸借対照表しか作成されていません。したがって，資産・負債管理を行うにあたっては，支店ごとの貸借対照表を作成することが必要です。

(3)　改善案

　支店における貸借対照表の作成方法として，具体的には，まず，支店に係る現預金，売上債権，棚卸資産などの資産項目を借方に集計します。次に，支店に係る仕入債務，前受金などの負債項目を貸方に集計します。

　なお，資本金その他の純資産の算定については，特に確立された方法はありません。支店は比較的小規模であるため，例えば支店の資産と負債の差額を純資産として用いても，特段の問題はないものと考えられます。

支店の貸借対照表

現預金	×××	買掛金	×××
•••••	•••••	•••••	•••••
流動資産合計	×××	負債合計	×××
建物	×××	資本金	×××
•••••	•••••	•••••	•••••
固定資産合計	×××	純資産合計	×××
資産合計	×××	負債・純資産合計	×××

　次に，支店に対して，支店が負うべき責任に見合う資産・負債管理に係る権限を付与します。前述したとおり，家賃や賃貸アパートの管理原価その他の取引価格や掛取引などに関する権限を付与します（第2章③(3)「改善案」，第3章②(3)「改善案」参照）。

【権限付与により業績管理に対する関心を高める】

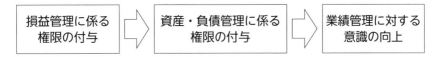

損益管理に係る権限の付与　⇨　資産・負債管理に係る権限の付与　⇨　業績管理に対する意識の向上

第5章

予算管理

92

第1章④「報告書の提出」で述べた報告書上の決算書については，実績値のみならず，予算値としても作成される必要があります。

本章では予算値と実績値との比較による業績管理について説明を行います。

1 予算の作成（その１）

(1) 原 則

① 予算とは

「予算」とは，将来の損益や残高などの数値を予想したものです。

予算は通常，１年単位で作成され（「年度予算」ともいわれます），一定期間の経過後に，実績値との比較分析が行われます。予算と実績値とに差異が生じた場合には，この分析により，差異の原因を究明するとともに，改善案を検討することになります。

② 予算の作成方法

予算は一般的に，損益計算書，貸借対照表に加えて，キャッシュ・フロー計算書（第6章「キャッシュ・フロー計算書」参照）の各々について，年度ごとに作成されます。

予算の作成にあたっては，予算の作成部署に対して，会社から全般的な編成方針が示されます。

支店においては，各々の予算についての編成方針に沿って，積上げで計算します。例えば，損益計算書予算であれば，売上，売上原価，販売費及び一般管理費など，それぞれの項目について，数量に単価を乗じて積上げで計算します。支店の損益計算書予算はブロックの損益計算書予算として積み上げられ，最終的に会社の損益計算書予算に集約されます。

このように予算は，会社の特定の部署ではなく，各支店，ブロック，経営層といった多くの関係部署が関与し，全社を挙げて作成されるものです。

【予算は積上げにより作成】

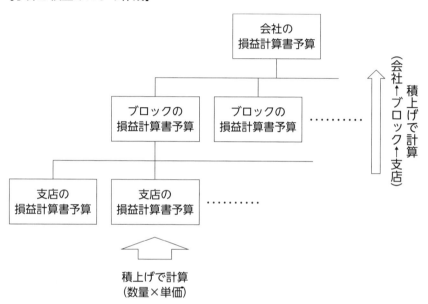

(2)　当社の課題

予算は，その対象年度が始まるまでには作成されなければなりません。しかし当社の場合，すでに対象年度が始まっている4月以降にならないと作成されません。

従前においては，十分な水準の入居率が確保され，それなりに売上が見込まれていましたから，たとえ予算の作成が遅延したとしても，特段の支障はなかったのかもしれません。しかし，施工不備問題以降は必ずしも十分な入居率が確保できておらず，適時に予算管理を実施する必要

があるため，予算は対象年度開始前には作成されなければなりません。

　当社の予算作成が遅い理由は，期末の入居率が固まらないと将来の入居率を予測することが難しいことによります。何よりも正確性を期し，決して見切り発車することなく，期末の入居率が判明するのを待って予算を作成するというスタンスは，もはや当社固有の企業風土といってもいいのかもしれません。

　なお，施工不備問題により大幅に縮小した賃貸アパートの建築請負事業に係る予算についても，かつては対象年度開始後に作成されていました。しかし，請負事業と賃貸事業とは車の両輪であり，請負事業が再開された際には，賃貸事業と同様に年度内の予算化が必要となります。

【翌期の予算は年度内に作成】

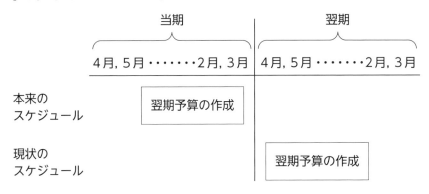

(3)　改善案

　当社の場合，翌期以降の入居率を予測する際には期末の入居率が出発点となりますが，これを期中で正確に予測することは容易ではありません。予算を作成する際，できるだけ確定数値に依拠したいという事情は理解できなくはありません。

　しかしながら，予算は決算数値と異なり，たとえ暫定的な数値であっ

ても，適切な予算管理を行うことは十分可能であり，必ずしも厳密な正確性にこだわる必要はないのです。なお，上場企業の場合，仮に予算が実績値と大幅に乖離するようであれば，修正予算を作成の上，これを公表すれば足りることです。

　したがって，事情はともかく，期末の入居率を予測し，その上で遅くとも新年度の始まる前の3月までに予算を作成することが必要です。

　もちろん，請負事業についても，合わせて年度内に予算化することが求められます。

【予算はスピード重視で作成】

予算：スピード重視		決算：正確性重視

2　予算の作成（その2）

(1)　原　則

　上場企業の予算は業績予想として公表されますが，達成可能な数値であることが求められます。

　会社の決算は，予算を基礎として実施される場合があります。例えば，固定資産の減損や繰延税金資産などについては，将来の合理的な事業計画を前提として算定されます。

　したがって，仮に予算が達成されず予算の信頼性に疑義が生じると，決算数値の信頼性にも疑義が生じるため，監査法人に決算を否認されてしまう可能性も否定できません。

　予算の精度に係る信頼性を確保するためにも，慎重に作成される必要があるのです。

(2)　当社の課題

　当社の予算は将来の予測値というよりも，むしろ目標値に近い場合があります。例えば，翌期末の入居率について，「このくらいの入居率になるだろう」というより「このくらいの入居率は確保したい」というような目標値を表している場合が多いように思われます。

　翌期末の入居率予想は予算とともに外部に公表されますが，施工不備問題に係る不祥事によって入居率が低迷して以降，期末入居率に係る実績値は予測値を下回り続けました。コロナ禍という下振れ要因があったにせよ，直近まで入居率が下振れ続けたことにより，当社における予算の精度に係る信頼性が損なわれた可能性もあるのです。

(3)　改善案

　予算は達成しうる数値として作成されなければなりません。予算の信頼性はその達成度により検証され，予算の信頼性が確保されてはじめて，決算数値の信頼性が確保されます。

　予算は達成可能な数値として，より慎重に作成されることが求められます。

【達成可能な予算作成により決算数値の信頼性を確保】

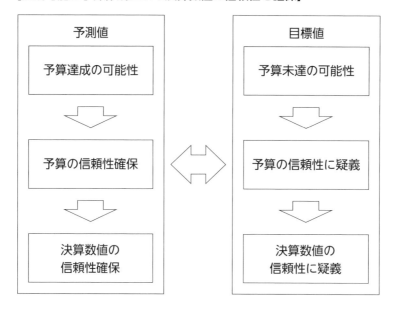

3 予算管理の対象

(1) 原　則

　損益管理や現預金管理と同様，予算管理についても，組織の最小単位で実施されることが必要です。

(2) 当社の課題

　当社においては，ブロック単位での予算管理が実施されていますが，組織の最小単位である支店単位で実施される必要があります。

(3) 改善案

　ブロック単位のみならず，例えば，支店ごとの予算の達成度や会社全体の予算達成割合に対する貢献度を勘案して評価を行うなど，支店担当者の人事評価に直結するような支店単位での予算管理が行われる必要があります。

4 　予算管理の指標

(1) 原　則

　予算管理については，損益項目とともに資産・負債項目も管理指標とすることが必要です。

　繰り返しになりますが，企業価値は現預金の創出能力にかかっています。現預金残高は，損益計算書で計上される当期純利益を基礎として，貸借対照表で計上される売上債権，棚卸資産，仕入債務などの資産・負債項目の増減を加味した上で算定されます。したがって，損益項目と合わせて，資産・負債項目も管理することが必要となります（第4章③(1)「原則」参照）。

(2) 当社の課題

　当社においては，会社ないしブロックごとに損益項目についてのみ月次で予算管理が行われています。しかしながら，損益項目だけでは不十分であり，現預金を含む資産・負債項目も合わせて管理指標とする必要があります。

　もちろん，支店においても，損益項目と資産・負債項目について予算管理の指標とする必要があります。

現状の月次管理指標（ブロック単位）　　　　　　　　　　（単位：百万円）

| | | 4月 | | | 5月 | | |
		予算	実績	差異	実績	予算	差異
損益項目のみ	売　上　高	××	××	××	××	××	××
	・・・・・	……	……	……	……	……	……
	粗　　　　利	××	××	××	××	××	××
	・・・・・	……	……	……	……	……	……

(3)　改善案

　損益項目に対する予算管理のみならず，まずは，当期純利益に売上債権や棚卸資産，仕入債務の増減を加味して支店ごとの現預金増加額を算定するとともに，その他の資産・負債項目についても予算管理が行われなければなりません。

本来の月次管理指標（支店単位）　　　　　　　　　　　　（単位：百万円）

| | | 4月 | | | 5月 | | |
		予算	実績	差異	予算	実績	差異
損益項目	売　上　高	××	××	××	××	××	××
	・・・・・	……	……	……	……	……	……
	粗　　　　利	××	××	××	××	××	××
	・・・・・	……	……	……	……	……	……
現預金増加額	当期純利益	××	××	××	××	××	××
	売上債権増加額	××	××	××	××	××	××
	棚卸資産増加額	××	××	××	××	××	××
	仕入債務増加額	××	××	××	××	××	××
	現預金増加額(注)	××	××	××	××	××	××
その他の資産・負債項目	・・・・・	……	……	……	……	……	……
	・・・・・	……	……	……	……	……	……
	資　産　合　計	××	××	××	××	××	××
	・・・・・	……	……	……	……	……	……
	・・・・・	……	……	……	……	……	……
	・・・・・	……	……	……	……	……	……

（注）現預金増加額＝当期純利益－売上債権増加額＋仕入債務増加額－棚卸資産増加額
（第3章⑧「まとめ」参照）

5 予算管理のタイミング

(1) 原 則

翌期の年度予算が作成されたら，月次予算として落とし込みます。その上で，月次決算の一環として，損益や現預金などの各項目について，月次予算と実績値とを比較します。この予実比較を通して予実差異の内容や原因を分析し，必要な対策を講じます。

【月次で予実分析を実施】

(2) 当社の課題

第2章「損益管理」や第3章「現預金管理」で述べたように，月次決算は翌月半ばにならないと作成されないため，現状においては，タイムリーな予実分析が実施できません。

(3) 改善案

月次予算を前年度末までに設定し，月次実績値を翌月10日までに算定すれば，「正確性」より「スピード」を重視した，タイムリーな予算管理が可能となります。

前述したように，売上計上の基礎となる業務データは比較的早めに締まるため，まずはこれを活用します。また，残業代を含む経費の前払

い・未払いについては，例えば年間の発生額を見積り，これを月次に割り当てることとします（第2章⑦「損益管理のタイミング」参照）。

第6章
キャッシュ・フロー計算書

1 財務3表（その1）

財務3表とは，貸借対照表，損益計算書およびキャッシュ・フロー計算書の3つの財務諸表をいいます。

財務3表はそれぞれ，

- 貸借対照表：資金の調達源泉と運用形態という会社の財政状態
- 損益計算書：売上高から当期純利益までの会社の経営成績
- キャッシュ・フロー計算書：会社の現預金の増減内容

を表しています。

財務3表のうち，核となる財務諸表は貸借対照表と損益計算書ですが，第3章①(1)「原則」で記載したとおり，企業価値は現預金を創出する能力いかんに関わっていますから，現預金の増減内容を表すキャッシュ・フロー計算書が財務3表の1つとして扱われます。

【キャッシュ・フロー計算書は財務3表の1つ】

2　キャッシュ・フロー計算書

(1)　概　要

　キャッシュ・フロー計算書は，現預金の期首残高から期末残高に至る増減内容を示す財務諸表ですが，貸借対照表（期首と期末）と損益計算書から作成することができます。この点については，後ほど説明します。

　キャッシュ・フロー計算書は以下のとおり，どのように現預金が創出されたかを表す営業キャッシュ・フロー，投資キャッシュ・フローおよび財務キャッシュ・フローから構成されます。具体的には，期首の現預金残高にこれら３つのキャッシュ・フローを加減算して，期末の現預金残高が算定されます。

(2) 構　成

① 営業キャッシュ・フロー

営業キャッシュ・フローは，本業によって創出されたキャッシュ・フローをいいます。

損益計算書で算定された「税引前利益」を出発点として，売上債権，棚卸資産，仕入債務の増減額などを加味して算定されます。この計算方法は，第3章「現預金管理」で説明したとおりです。(第3章では，法人税等を0と仮定し，「当期純利益」を用いました)。

例えば，売上債権や棚卸資産が増加すれば現預金残高は減少しますから，

$$営業キャッシュ・フロー＝税引前利益－\frac{売上債権の}{増加額}－\frac{棚卸資産の}{増加額}$$

と算定します。

また，仕入債務が増加すれば現預金残高は増加しますから，

$$営業キャッシュ・フロー＝税引前利益＋仕入債務の増加額$$

と算定します。

【設例1】

　税引前利益200として，売上債権の増加額100，棚卸資産の減少額100，仕入債務の増加額50のときの営業キャッシュ・フローを算定してください。

【解答】

項目	金額
税　　引　　前　　利　　益	200
売 上 債 権 の 増 加 額	△100
棚 卸 資 産 の 減 少 額	100
仕 入 債 務 の 増 加 額	50
営業キャッシュ・フロー	250

②　投資キャッシュ・フロー

投資キャッシュ・フローは，投資活動によって創出されたキャッシュ・フローをいいます。例えば，設備投資のために有形固定資産を取得したり，取引先の株式を取得すれば，投資キャッシュ・フローは減少し，これらを売却すれば，投資キャッシュ・フローは増加します。

【設例2】

有形固定資産の取得200，投資有価証券の売却100のときの投資キャッシュ・フローを算定してください。

【解答】

項目	金額
有 形 固 定 資 産 の 取 得	△200
投 資 有 価 証 券 の 売 却	100
投資キャッシュ・フロー	△100

108

③ 財務キャッシュ・フロー

　財務キャッシュ・フローは，財務活動によって創出されたキャッシュ・フローをいいます。例えば，金融機関からの借入れや株式の発行によって財務キャッシュ・フローは増加し，株主に対する配当によって財務キャッシュ・フローは減少します。

【設例3】
　借入金の返済100，株式の発行150，配当金の支払100のときの財務キャッシュ・フローを算定してください。

【解答】

項目	金額
借　入　金　の　返　済	△100
株　式　の　発　行	150
配　当　金　の　支　払	△100
財務キャッシュ・フロー	△50

(3)　キャッシュ・フロー計算書の様式

　キャッシュ・フロー計算書においては，前述のように，期首の現預金残高に3つのキャッシュ・フローを加減算して期末の現預金残高が算定されますが，具体的な様式は以下のとおりです。

【キャッシュ・フロー計算書の様式】

項目		金額	
税引前利益		200	【設例1】
売上債権の増加額		△100	
棚卸資産の減少額		100	
仕入債務の増加額		50	
営業キャッシュ・フロー	a	250	
有形固定資産の取得		△200	【設例2】
投資有価証券の売却		100	
投資キャッシュ・フロー	b	△100	
借入金の返済		△100	【設例3】
株式の発行		150	
配当金の支払		△100	
財務キャッシュ・フロー	c	△50	
現預金の増減	d=a+b+c	100	
現預金の期首残高	e	1,000	
現預金の期末残高	d+e	1,100	

　現預金の期首残高1,000（e）に３つのキャッシュ・フロー（a，b，c）の合計100（d）を加減して，現預金の期末残高1,100（d＋e）を算定します。

⑷　財務３表の関係

　財務３表は，以下のように相互に関係しています。

110

【財務3表の関係】

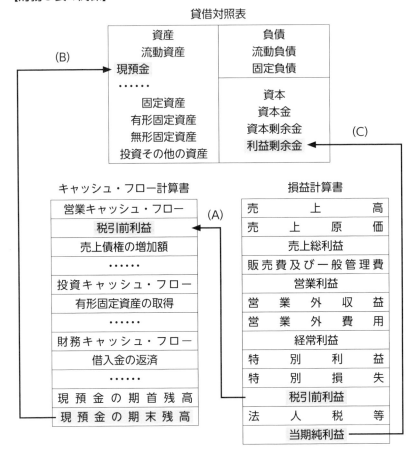

　キャッシュ・フロー計算書においては，損益計算書で算定された税引前利益を基礎として現預金の期末残高が算定され（A），それが貸借対照表の現預金残高とつながるという関係があります（B）。また，損益計算書で算定された当期純利益は，貸借対照表の利益剰余金の構成要素となるという関係があります（C）（第4章①(5)「貸借対照表と損益計算書の関係」参照）。

　このように，財務3表は相互に関連しており，各々に財務諸表利用者

にとっての重要性が認められます。

　ただ，キャッシュ・フロー計算書については，あまり馴染みがないかもしれません。貸借対照表や損益計算書が個々の仕訳の積上げによって作成されるため，勘定科目や分類項目ごとの分析が意味を持つのに対し，キャッシュ・フロー計算書は貸借対照表と損益計算書から作成することができてしまうため，項目ごとの分析はそれほど意味を持たず，どうしても馴染みが薄くなるものと考えられます。

　換言すれば，キャッシュ・フロー計算書については，主要項目さえ押さえてしまえば，その内容を把握することが十分可能となるのです。

3　当社のキャッシュ・フロー計算書

　以下は，施工不備問題が発覚する直前の45期と，ようやく業績が底打ちした49期のキャッシュ・フロー計算書（連結）です。

　なお，表中の「現金及び現金同等物」を現預金とお考えください。

【キャッシュ・フロー計算書（連結）】

（単位：百万円）

	第45期 （2018年3月期）	第49期 （2022年3月期）
税金等調整前当期純利益	15,150	9,693
売上債権の増減額（△は増加）	△252	△523
販売用不動産の増減額（△は増加）	△960	2
未成工事支出金の増減額（△は増加）	60	25
仕入債務の増減額（△は減少）	△1,105	△1,029
‥‥‥‥	‥‥‥‥	‥‥‥‥
営業活動によるキャッシュ・フロー	27,338	△4,460
有形固定資産の取得による支出	△11,218	△705
有形固定資産の売却による収入	14,121	1,458

112

投資有価証券の取得による支出	△5,966	△313
投資有価証券の売却による収入	22	1,180
‥‥‥‥	‥‥‥‥	‥‥‥‥
投資活動によるキャッシュ・フロー	△2,336	886
短期借入れによる収入	2,455	－
短期借入金の返済による支出	△1,250	－
長期借入れによる収入	4,303	－
長期借入金の返済による支出	△1,268	△75
配当金の支払額	△5,675	－
‥‥‥‥	‥‥‥‥	‥‥‥‥
財務活動によるキャッシュ・フロー	△18,354	△5,886
現金及び現金同等物に係る換算差額（注）	△166	220
現金及び現金同等物の増減額（△は減少）	6,480	△9,240
現金及び現金同等物の期首残高	91,766	53,346
‥‥‥‥	－	△82
現金及び現金同等物の期末残高	98,246	44,023

（注）為替の変動による現預金残高の増減を示します

　まず，45期から49期までに，期末の現預金残高（表の最下段）が著しく減少したことがわかります。すなわち，45期の現預金残高は980億円と1,000億円に迫る勢いで積み上がっていたのに対し，49期は440億円と半分以下に減少しています。

　これは主に，45期まではプラスの営業キャッシュ・フローが計上されていたのに対し，施工不備問題が発覚して以降，入居率の低下による売上の大幅な落込みに伴い，営業キャッシュ・フローのマイナスが続き，46期から49期までマイナスの営業キャッシュ・フローが計上されたことによります（後述(1)「営業キャッシュ・フロー」参照）。

　48期に570億円もの出資や借入れを受け入れたにもかかわらず，49期の現預金残高がわずか440億円足らずということは，これらの出資や借

入れがなければ，当社はマイナスの現預金残高，すなわち資金ショートを起こしていたことになります。

(1) 営業キャッシュ・フロー

　以下の表のように，施工不備問題発覚後の46期から49期まではマイナスの営業キャッシュ・フローが計上され，もはや本業によっては現預金が創出されていないことが示されています。

　マイナスの営業キャッシュ・フローの主たる原因は，利益の著しい悪化です。46期からは3期連続で当期純利益のマイナスが続きました。49期において，ようやく110億円の当期純利益の黒字化を果たしましたが，いまだ営業キャッシュ・フローはマイナスであり，当社の業績は依然として回復途上にあることがわかります。

【当期純利益と営業キャッシュ・フローの推移】

(単位：百万円)

	第45期 (2018年 3月期)	第46期 (2019年 3月期)	第47期 (2020年 3月期)	第48期 (2021年 3月期)	第49期 (2022年 3月期)
親会社株主に帰属する当期純利益又は親会社株主に帰属する当期純損失（△）	14,819	△68,662	△80,224	△23,680	11,854
営業活動によるキャッシュ・フロー	27,338	△7,212	△51,639	△40,816	△4,460

　当社のキャッシュ・フロー計算書における営業キャッシュ・フローの内訳項目の内容は，以下のとおりです。

① 売上債権の増減額

　49期に「売上債権の増減額」としてマイナス5億円が計上されていま

114

す。これは，売上債権が5億円増加した結果，現預金残高が同額減少したことを示しています。業績が順調であった45期でさえ，増減額はマイナス2億円にとどまっていましたから，さらに売上債権が増加したことになります。

　掛売りの増加は現預金残高の減少を招きます。業績の好不調にかかわらず，無用の掛売りは避けなければなりません。

②　販売用不動産の増減額

　販売用不動産は棚卸資産に分類されますから，販売用不動産が増加すると現預金残高が減少することになります。

　45期にマイナス9億円の「販売用不動産の増減額」が計上されています。これは，販売用不動産が9億円増加した結果，現預金残高が同額減少したことを示しています。

　一方，49期には，わずかにプラス200万円の増減額しか計上されていません。これは，施工不備問題発覚前は，賃貸アパートの建築工事を含む不動産開発が積極的に行われていましたが，施工不備発覚後の事業縮小に伴い，販売用不動産の取引額も大幅に減少したことによるものです。

　不動産開発事業は1件当たりの取引額が比較的大きく，販売が振るわなければ，それだけ在庫が多額に積み上がり，現預金残高も大幅に減少するため，一般的にはリスクの高い事業といえます。

③　未成工事支出金の増減額

　建築途中の賃貸アパートが未成工事支出金として計上されています。未成工事支出金も棚卸資産に分類されますから，未成工事支出金が増加すると現預金残高が減少することになります。

　45期にプラス6,000万円の「未成工事支出金の増減額」が計上されています。これは，未成工事支出金が6,000万円減少した結果，現預金残

高が同額増加したことを示しています。

　一方，49期にはプラス2,000万円にまで減少しました。施工不備問題の発覚により，他の不動産開発事業と同様に，賃貸アパートの建築工事が大幅に縮小した結果，未成工事支出金の残高も減少することになりました。

④　仕入債務の増減額

　45期，49期とも「仕入債務の増減額」は10億円台です。いずれの期においても，売上原価が3,000～4,000億円ほどであるのに対して比較的少額です。これは，当社の支払サイト，すなわち費用の発生から支払までの期間が比較的短いことによります。

　すなわち，支払サイトが長いということは，それだけ支払のタイミングが遅くなりますから，仕入債務が膨らむことになります。

　逆に，支払サイトが短いということは，費用の発生後すぐに支払われることになりますから，仕入債務は少額になります。

　なお，支払サイトが短くなると現預金残高が減少してしまいますから，無用の支払サイト短縮は避けなければなりません（第3章④(2)「当社の課題」参照）。

(2)　投資キャッシュ・フロー

　45期にマイナス20億円の投資キャッシュ・フローが計上されています。これは，積み上がった現預金残高を元手に不動産や株式への投資が活発に行われた結果，マイナスとなったものです。

　営業キャッシュ・フローは本業により創出されたキャッシュ・フローですから，マイナスの営業キャッシュ・フローは望ましい状況とはいえませんが，投資キャッシュ・フローのマイナスは積極的な投資活動の結果と考えられ，一般的には望ましい状況といえます。

　一方，施工不備問題発覚後の46期以降では，以下の表のようにプラスの投資キャッシュ・フローが続いています。これは，資金ショートを回避するため投資活動が抑えられたとともに，不動産や株式などの保有資産が売却されたことによります。

【投資キャッシュ・フローの推移】

（単位：百万円）

	第45期 (2018年 3月期)	第46期 (2019年 3月期)	第47期 (2020年 3月期)	第48期 (2021年 3月期)	第49期 (2022年 3月期)
投資活動によるキャッシュ・フロー	△2,336	7,379	39,533	11,829	886

(3)　財務キャッシュ・フロー

　45期に短期借入金や長期借入金による収入や返済による支出が計上されましたが，施工不備問題により，すべての金融機関から融資が引き揚げられたため，49期には，金融機関からの借入れに係る取引はほとんどなくなりました。

　余談ですが，「銀行は晴れの日に傘を貸し，雨の日に取り上げる」といわれます。施工不備問題の発覚以降，ヒトもカネも見事に引き揚げられる状況を目の当たりにし，身をもって経験することとなりました。

　また，45期には50億円の配当金が支払われていますが，46期以降は無配の状況が続いています。配当や法人税等を支払ってようやく一人前の企業ですから，復配が待ち遠しい限りです。

【財務キャッシュ・フローの推移】

（単位：百万円）

	第45期 (2018年 3月期)	第46期 (2019年 3月期)	第47期 (2020年 3月期)	第48期 (2021年 3月期)	第49期 (2022年 3月期)
財務活動によるキャッシュ・フロー	△18,354	△15,181	△12,048	23,571	△5,886

4　継続企業の前提に関する注記（GC注記）

(1)　概　要

　前節で述べたように，当社は施工不備問題による急激な業績悪化のため，マイナスの現預金残高，すなわち資金ショートの可能性も否定できず，会社存続の危機に陥りました。

　資金ショートの可能性がある場合，その状況が決算書上で明瞭に示されることになります。具体的には「継続企業の前提に関する注記」，いわゆるGC（Going Concern）注記が記載されますが，48期に注記の要否が検討されました。

　GC注記についての理解が業績管理にとって必須というわけではありませんが，当社も一時期は記載しなければならない事態に陥ったことを踏まえ，以下で説明を行います。

　なお，GC注記はあくまで会社が存続することを前提として記載されます。仮に会社がもはや存続できないとなれば，個々の資産や負債について，例えば時価によって評価し直すため，一般的な財務諸表とは異なる財務諸表が作成されることになります。

118

⑵　開　示

　損失計上やキャッシュのマイナスなどの継続企業の前提（会社が存続し続けること）に「重要な疑義」を生じさせるような事象・状況が存在する場合であって，これを解消・改善するための対応策を講じても，なお継続企業の前提に関する「重要な不確実性」が認められるときは，その内容や対応策などについて注記が必要となります。

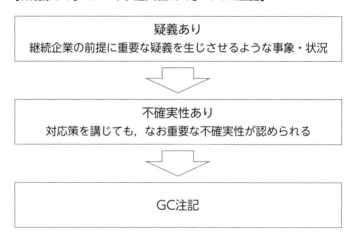

　GC注記の記載例は以下のとおりです。

　　当社は，前期○○百万円，当期に○○百万円の大幅な営業損失を計上し，
また，当期には営業キャッシュ・フローも○○百万円と大幅なマイナスと
なっています。当該状況により，継続企業の前提に重要な疑義を生じさせ
るような状況が存在しています。｝ 疑義あり

　　当社は，当該状況を解消し又は改善すべく，不採算部門の○○事業から
の撤退を○年○月を目途に計画しています。この計画の中では，当該事業
に関わる設備を売却するとともに，早期退職制度の導入により○○名の人
員削減を行い，併せて全社ベースで費用の○％削減を行う予定です。また，
主力金融機関との間で，新たに○○億円のコミットメント・ラインの設定
を交渉しています。｝ 対応策

　　しかし，これらの対応策を関係者との協議を行いながら進めている途上
であるため，現時点では継続企業の前提に関する重要な不確実性が認めら
れます。｝ 不確実性あり

　　なお，財務諸表は継続企業を前提として作成しており，継続企業の前提
に関する重要な不確実性の影響を財務諸表に反映していません。

(監査・保証実務委員会報告第74号「継続企業の前提に関する開示について」日本公認会計士協会，
　下線は筆者)

(3)　評価期間

　継続企業の前提に係る評価にあたっては，以下の図のように，貸借対
照表日の翌日から1年間にわたり，会社が事業活動を継続できるかどう
かにより判断します。当社の場合，48期におけるGC注記の要否は，49
期を評価期間として検討されました。

　なお，下図の「安定的な運営資金」とは，主にアパート・オーナーか
らの借上家賃ですが，現預金残高がこれを下回ると資金ショートを起こ
すことになります。

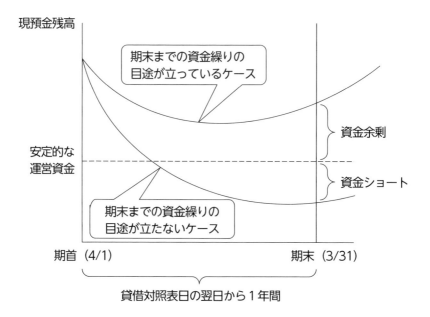

現預金残高

期末までの資金繰りの
目途が立っているケース

資金余剰

安定的な
運営資金

資金ショート

期末までの資金繰りの
目途が立たないケース

期首（4/1）　　　　　　　　　　　期末（3/31）

貸借対照表日の翌日から1年間

⑷　GC注記の影響

　ひとたびGC注記が記載されると，会社が資金的に危機的状況にある
ことが白日の下にさらされてしまいます。こうなると，取引先から支払
サイトの短縮や担保資産の提供を求められ，さらなる資金繰りの悪化を
招いたり，取引自体が停止に追い込まれるなど事業活動に甚大な支障が
生じます。このため，GC注記の記載は何としても回避されなければな
りません。

　幸いにも当社の場合，コスト削減や資産売却などの抜本的な施策によ
り，何とかGC注記を回避することができました。とはいえ，なお予断
を許さない状況が当面の間，続くこととなりました。

(5)　対応策のポイント

　資金繰りを改善するためには，例えば，以下のように３つのキャッシュ・フローを増やすための手段が講じられなければなりません（②「キャッシュ・フロー計算書」参照）。

　ただし，このうち，本業の儲けを増やすことによる営業キャッシュ・フローの改善こそが，中長期的な資金繰りの改善効果をもたらすという意味で，より抜本的な対応策といえます。

【営業キャッシュ・フローの改善がポイント】

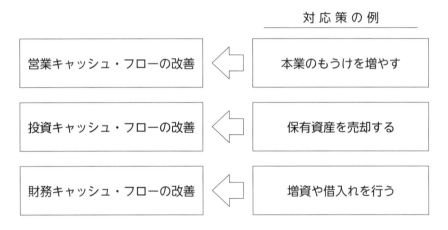

5　財務３表（その２）

　筆者が監査法人に勤務していたとき，上場を目指すあるベンチャー企業の社長が，会社説明会においてことさら「経営は銭や」と強調されていました。体力の乏しいベンチャー企業にとって，資金繰りは死活問題といっても過言ではありません。黒字倒産といって，たとえ業績が好調であっても資金繰りが逼迫してしまうこともあるのです。

　当時，「キャッシュ・フロー経営」という横文字言葉がもてはやされていましたが，この社長の話こそ，まさしく自らの事業経験に基づく経営者の肌感覚に近い表現といえ，強烈な印象を受けたことを記憶しています。その意味では，□1「財務3表（その1）」において貸借対照表と損益計算書が核となる財務諸表であるとは述べましたが，経営者にとっては，むしろキャッシュ・フロー計算書こそが核となるべき財務諸表なのかもしれません。

　損益計算書上で算定される利益は，例えば，減価償却方法のような適用される会計方針によって恣意的に操作されてしまう可能性もあります。この点，キャッシュ・フロー計算書上で算定される現預金残高は操作のしようがありません。やはり，キャッシュ・フロー計算書こそが経営者の肌感覚に馴染む財務諸表なのかもしれません。

第7章

経営分析

　前章までで「財務諸表上の数値」を用いた損益管理や予算管理などについて説明しました。本章においては，財務諸表上の数値から算定される「経営指標」を用いた経営分析の手法について説明します。

　経営分析は，業績を大づかみで把握できるという特徴があります。会社であろうが支店であろうが，経営分析の手法は同じです。まずは「上から目線で」分析することが大切です。

　ただし，経営指標は業績を俯瞰するためには優れていますが，経営指標だけでは判断を誤ってしまう可能性があるため，やはり，決算書の中身も合わせて確かめる必要があります。

1 ｜ 比率分析

(1) 安全性分析

　安全性分析は，資産や負債などに係る比率を算定することにより，経営の安定性について検討するための分析手法です。以下のいずれの指標についても，数値が高いほど経営が安定的であるといえます。

① 流動比率
　流動比率は会社の支払能力を表します。

流動比率（％）＝流動資産÷流動負債

　流動資産とは，売掛金や棚卸資産など現金化しやすい資産をいい，流動負債とは，買掛金や未払費用など返済期間の短い負債をいいます（第4章①「貸借対照表」参照）。

　流動比率は，現金化しやすい流動資産の，返済期限の短い流動負債に対する比率で示されます。流動比率が高いほど安全性が高いといえ，一

般的には少なくとも100％以上，すなわち流動資産の金額が流動負債の金額を上回ることが望まれます。この場合，たとえ返済期限の短い流動負債の返済期限が来ても流動資産でまかなうことができますから，会社の経営は安定的と判断できます。

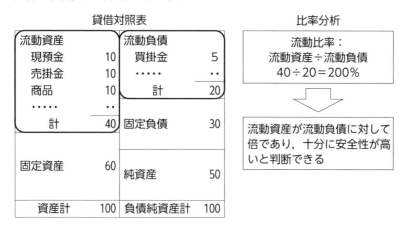

②　当座比率

当座比率は会社の短期的な支払能力を表します。

当座比率（％）＝当座資産÷流動負債

当座比率は，流動資産の中でも特に現金化しやすい当座資産（現預金，売掛金，有価証券など）の，流動負債に対する比率で示されます。より厳密な会社の支払能力を評価することができ，当座比率が高いほど安全性が高いといえます。

当座資産が流動負債を上回ると，当座比率は100％を超えますから，より経営の安全性が高いことになります。流動資産が流動負債を上回ると安心ですが，当座資産が流動負債を上回れば，一層安心ということになります。

③ 自己資本比率

　自己資本比率は調達資金の安全性，すなわち資本のうち，どれだけ株主から調達した資本により運用されているかを表します。

自己資本比率（％）＝自己資本÷総資本

　自己資本比率は，返済不要の自己資本（純資産）の，総資本（負債＋純資産）に占める比率で示されます。その比率が高いほど安全性が高いといえます。

　自己資本比率が高いということは，借入金や社債などの他人資本に頼らずに，株主から調達した資本により事業活動が営まれていることを意味しますから，経営は安定的と判断できます。

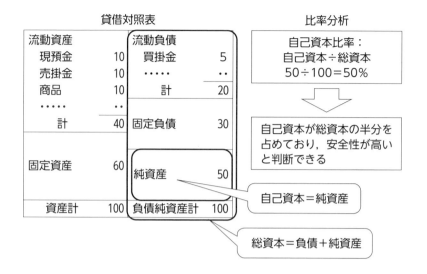

(2)　収益性分析

収益性分析は，利益の，売上や資本に対する比率を算定することにより，どれだけ利益が獲得されたかという収益性について検討するための分析手法です。以下のいずれの指標についても，数値が高いほど収益性が高いといえます。

①　売上高営業利益率

売上高営業利益率は，本業によりどれだけ利益が獲得されたかを表します。

> 売上高営業利益率（%）＝営業利益÷売上高

売上高営業利益率は，本業の儲けである営業利益の，売上高に対する比率で示されます。その比率が高いほど収益性が高いといえます。

本業の稼ぎがあってこその会社であるという意味では，売上高営業利益率が最も基本的な経営指標といえます。会社の稼ぐ力は，何といって

も営業利益がその源泉となります。営業外収益や特別利益でどれだけ利益が計上されても，稼ぐ力があるとはいえません。

　売上高営業利益率が十分な水準になければ，わずかな利益率の下振れで赤字に転落してしまう可能性もあり，少なくとも３％程度は確保したいところです。

損益計算書	
売　　　上　　　高	120
売　上　原　価	60
売上総利益	60
販売費及び一般管理費	36
営業利益	24
・・・・・	・・
経常利益	18
・・・・・	・・
当期純利益	10

比率分析

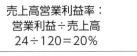

売上高営業利益率：
営業利益÷売上高
24÷120＝20％

業種にもよるが，一般的には１桁台と考えられ，十分に収益性が高いと判断できる

② 総資産利益率（ROA）

　総資産利益率は，運用された資産により利益がどれだけ獲得されたかを表します。

$$総資産利益率（％）＝当期純利益÷総資産$$

　総資産利益率は，当期純利益の，総資産に対する比率で示され，ROA（Return On Assets）といわれます。その比率が高いほど収益性が高いといえます。

　総資産利益率（ROA）はシンプルで算定も容易なため，当社においても業績管理のための経営指標として採用すべきと考えられます。

　ただ，今後，新しいリース会計基準が導入されると，アパート・オーナーから借り上げている賃貸アパートが当社資産として計上され，当社の総資産利益率が一気に悪化する可能性があります。当社の管理戸数は56万戸に及びますから，何も実態は変わっていないにもかかわらず，会社がまるで水膨れしてしまったかのような印象を与えることにもなりかねません。

③　自己資本利益率（ROE）

　自己資本利益率は，株主から調達した資本により利益がどれだけ獲得されたかを表します。

> 自己資本利益率（％）＝当期純利益÷自己資本

　自己資本利益率は，当期純利益の，自己資本に対する比率で示され，

ROE（Return On Equity）といわれます。その比率が高いほど収益性が高いといえます。

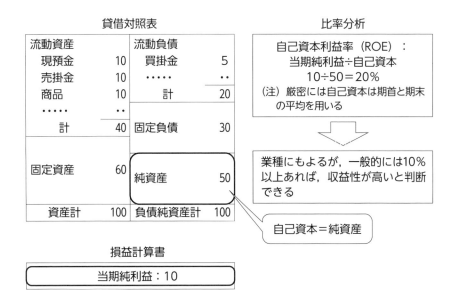

自己資本利益率（ROE）は，例えば増資によって資金を調達すると，分母が大きくなって数値が下がってしまうため，あえて借入れだけで資金を調達することで自己資本利益率を維持するような施策も考えられます。ただ，借入れを増やすと総資本が膨らむため，自己資本比率などの安全性に係る経営指標は悪化します。

この点，総資産利益率（ROA）は，増資をしようが借入れをしようが，総資産（＝総資本）が増加することで低下しますので，支店担当者にとってのわかりやすさに加えて操作が難しいという点でも，経営指標として優れているものと考えられます。

(3)　効率性分析

　効率性分析は，資産の，売上に対する比率などを算定することにより，資産や負債などがどれだけ効率的に活用されているかについて検討するための分析手法です。

①　売上債権回転期間

　売上債権回転期間は，営業取引により生じた債権である売上債権に係る滞留の程度を表します。

> ### 売上債権回転期間（月）＝売上債権÷月次売上高
> （受取手形，売掛金など）

　売上債権回転期間は，売上債権（受取手形，売掛金など）の，売上高に対する比率で示されます。

　売上債権がすみやかに現金回収されれば，それだけ売上債権回転期間が短くなり，効率性が高くなります。反対に，売上債権がいつまでも現金回収されずに滞留してしまうと，回転期間が長くなり，効率性は低くなります。売上債権が滞留すれば貸倒れのリスクも高くなりますので，できるだけ早期に回収されなければなりません。

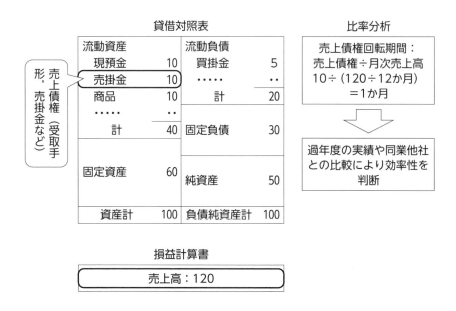

なお，上記では，年度の売上高を12で割って月次売上高の平均を求めて回転期間を算定していますが，より厳密な計算方法を採用することが望ましい場合があります。

具体的には，売上債権は直近の売上高から発生したものと仮定して，売上債権からより期末に近い月次売上高の順に差し引いていき，売上債権がゼロになるまでの期間を計算する，という方法です。例えば，3月決算会社であれば，期末の売上債権からまず3月の売上高を差し引いて，残りがあれば2月の売上高，さらに残りがあれば1月の売上高を差し引いて算定します。

上図と同様に，売上債権が10，年度の売上高が120の場合で，2月と3月の売上高がそれぞれ5だとします。まず，売上債権10から期末に最も近い3月の売上5を差し引くと5が残ります。そこから，次に期末に近い2月の売上5を差し引くと残りは0となります。結局，売上債権は3月と2月の売上高から構成されていると考えられるため，回転期間は

２か月と計算できます。

【設例】

　３月決算会社で以下のように月次売上高が推移する場合，期末の売上債権が60のときの，①簡便な方法による場合と②厳密な方法による場合の売上債権回転期間を算定してください。

月次売上高の推移

４月	５月	・・・・・		１月	２月	３月	合計
5	5		・・・・・	10	20	30	120

【解答】

① 簡便な方法

　売上債権60÷月平均売上高（120÷12か月）＝６か月

② 厳密な方法

　(ⅰ) 直近月の売上高を控除

　売上債権60－直近月（３月）の売上高30＝残り30

　　⇒ 売上債権60の中に３月の売上30が含まれている。

　(ⅱ) 次の直近月の売上高を控除

　残り30－次の直近月（２月）の売上高20＝残り10

　　⇒ 残りの売上債権30の中に２月の売上20が含まれている。

　(ⅲ) 次の次の直近月の売上高を控除

　残り10－次の次の直近月（１月）の売上高10＝残り０

　　⇒ 残りの売上債権10は１月の売上高であり，結局，売上債権60は
　　　３月から１月までの売上高から構成され，回転期間は３か月と算
　　　定される。

　このような厳密な方法が有効なのは，業績に季節的な変動が見られる場合です。

　極端なケースとして，上記の設例で年度の売上高120のすべてが３月の売上高と仮定して売上債権回転期間を算定すると，簡便な方法は設例と同じ６か月となりますが，厳密な方法によると売上債権60はすべて３月の売上となり，回転期間は１か月にも満たなくなります。

　期末近辺に売上が集中するような場合，もはや簡便な方法では実態が適切に反映されないことになるため，厳密な方法の採用が望まれます。

②　棚卸資産回転期間

　棚卸資産回転期間は，棚卸資産に係る滞留の程度を表します。

棚卸資産回転期間（月）＝棚卸資産÷月次仕入高

（商品，製品，仕掛品など）

　棚卸資産回転期間は，棚卸資産（商品，製品，仕掛品など）の，仕入高に対する比率で示されます。

　棚卸資産は，商品や製品として販売されることにより現金回収されます。ところが，なかなか売れずに棚卸資産回転期間が長くなってしまうと，効率性が低くなります。仕入れた棚卸資産がすぐに売れれば効率性が高くなり，反対に売れ残って在庫として棚卸資産がだぶついてしまうと効率性が低くなるということです。

　なお，棚卸資産回転期間についても，売上債権回転期間と同様，年度の仕入高や売上原価を用いる方法と，直近月の仕入高から順に差し引いていく厳密な方法があります。

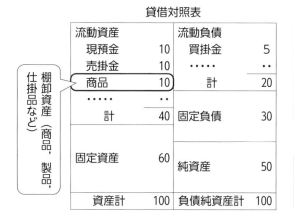

貸借対照表

流動資産		流動負債	
現預金	10	買掛金	5
売掛金	10	‥‥‥	‥
商品	10	計	20
‥‥‥	‥		
計	40	固定負債	30
固定資産	60	純資産	50
資産計	100	負債純資産計	100

棚卸資産（商品，製品，仕掛品など）

比率分析

棚卸資産回転期間：
棚卸資産÷月次仕入高
10÷（60÷12か月）＝2か月
（注）　一般的には仕入高を
使用するが，簡便的に
売上原価を使用

過年度の実績や同業他社との比較により効率性を判断

損益計算書

売上原価：60

③　仕入債務回転期間

　仕入債務回転期間は，営業取引により生じた債務である仕入債務に係る滞留の程度を表します。

仕入債務回転期間（月）＝仕入債務÷月次仕入高

（支払手形，買掛金など）

　仕入債務回転期間は，仕入債務（支払手形，買掛金など）の，仕入高に対する比率で示されます。その回転期間が短いほど効率性が高いといえます。回転期間が長期化している場合，会社の支払が滞っている可能性があります。

　仕入債務については，仕入債務の支払を遅らせるほど，仕入債務の回転期間は長くなります。売上債権回転期間は短ければ短いほど望ましいのですが，仕入債務回転期間は長ければ長いほど望ましい状況といえま

す。ただ，売上債権や棚卸資産は企業努力により滞留を防ぐことができますが，仕入債務の支払が遅れれば仕入先が困ってしまいますので，いたずらに支払を遅らせることはできず，同じ効率性を追求するにしても，取りうる対応策が異なることに留意します。

　なお，仕入債務回転期間についても，年度の仕入高や売上原価を用いる方法と，直近月の仕入高から順に差し引いていく厳密な方法があります。

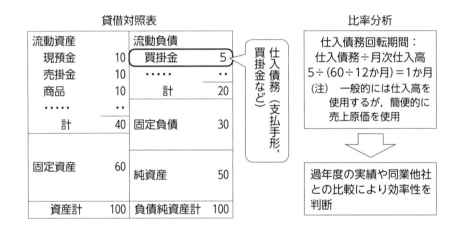

(4)　成長性その他の分析

　成長性分析は，損益や資本などの増減率を算定することにより，どれだけ会社が成長しているかについて検討するための分析手法です。

① 売上高増減率

売上高増減率は売上の伸びを表します。

売上高増減率（％）＝（当期売上高－前期売上高）÷前期売上高

売上高増減率は，当期売上高と前期売上高の差額の，前期売上高に対する比率で示されます。その比率が高いほど成長性が高いといえます。

損益計算書

		前期	当期
売　　上　　高		100	120
売　上　原　価		50	60
売上総利益		50	60
販売費及び一般管理費		30	36
営業利益		20	24
・・・・・		・・	・・
経常利益		15	18
・・・・・		・・	・・
当期純利益		5	10

比率分析

売上高増減率：
（当期売上高－前期売上高）
÷前期売上高
（120－100）÷100＝20％

⬇

前期に比べて成長していると判断
---

② 当期純利益増減率

当期純利益増減率は利益の伸びを表します。

当期純利益増減率（％）＝ $\left(\begin{array}{c}\text{当期}\\\text{純利益}\end{array} - \begin{array}{c}\text{前期}\\\text{純利益}\end{array}\right) \div \begin{array}{c}\text{前期}\\\text{純利益}\end{array}$

当期純利益増減率は，当期純利益と前期純利益の差額の，前期純利益に対する比率で示されます。その比率が高いほど成長性が高いといえます。

損益計算書

	前期	当期
売　　上　　高	100	120
売　上　原　価	50	60
売上総利益	50	60
販売費及び一般管理費	30	36
営業利益	20	24
・・・・・	・・	・・
経常利益	15	18
・・・・・	・・	・・
当期純利益	5	10

比率分析

当期純利益増減率：
(当期純利益−前期純利益)
÷前期純利益
(10−5)÷5＝100％

前期に比べて成長していると判断

③　自己資本増減率

自己資本増減率は自己資本の伸びを表します。

$$自己資本増減率（\%）= \left(\begin{array}{c} 当期 \\ 自己資本 \end{array} - \begin{array}{c} 前期 \\ 自己資本 \end{array} \right) \div \begin{array}{c} 前期 \\ 自己資本 \end{array}$$

　自己資本増減率は，当期自己資本と前期自己資本の差額の，前期自己資本に対する比率で示されます。その比率が高いほど成長性が高いといえます。

貸借対照表 / 比率分析

	前期	当期		前期	当期
流動資産			流動負債		
現預金	‥	10	買掛金	‥	5
売掛金	‥	10	‥‥‥	‥	‥
商品	‥	10	計	‥	20
‥‥‥	‥	‥			
計	‥	40	固定負債	‥	30
固定資産	‥	60	純資産	40	50
資産計	‥	100	負債純資産計	‥	100

自己資本増減率：
（当期自己資本－前期自己資本）
÷前期自己資本
（50－40）÷40＝25%

⬇

前期に比べて成長していると判断

自己資本＝純資産

④　配当性向

　配当性向は，利益の中からどれだけ配当金として株主に還元されたかを表します。会社の成長性を示すものではありませんが，経営分析に有用な経営指標の1つとして用いられます。

> 配当性向（%）＝配当金÷当期純利益

　配当性向は，配当金の，当期純利益に対する比率で示されます。獲得された利益は配当，投資，内部留保などに回りますが，配当性向が高いということは，投資や内部留保などに先んじて配当として株主に還元されていることになります。

【発行済株式総数を100万株として，１株当たり３円の配当を実施した場合】

損益計算書　　　　　　　　　　　　比率分析

（単位：百万円）

売　　　上　　　高	120
売　　上　　原　　価	60
売上総利益	60
販売費及び一般管理費	36
営業利益	24
・・・・・	・・
経常利益	18
・・・・・	・・
当期純利益	10

１株当たり配当：３円

１株当たり当期純利益：
10百万円÷100万株＝10円
当期純利益÷発行済株式総数

配当性向：
１株当たり配当金÷
１株当たり当期純利益
３円÷10円＝30％

会社が株主の配当性向に対する
期待に一定程度，応えたものと
判断

　配当性向を決定する際には，配当，投資および内部留保に対して，どのような割合で利益を配分したらよいかを検討しなければなりません。会社を取り巻く諸要素を総合的に勘案した上で，適宜決めていくことになります。したがって，特に画一的な正解というものはありません。

　ただし，例えば経営が安定している会社であれば，それなりの配当が求められるでしょうし，成長著しいベンチャー企業であれば，投資が優先されることが想定されます。

2　当社の経営分析

　以下は，施工不備問題が発覚する直前の45期と，業績が底打ちした49期の決算数値（連結）に基づく経営指標です。

(1)　安全性分析

　いずれの経営指標についても，施工不備問題により安全性が低下したことがわかります。

（単位：百万円）

経営指標		第45期 (2018年3月期)	第49期 (2022年3月期)	増減
流動比率	流動資産	138,661	60,161	△78,499
	流動負債	100,212	59,542	△40,670
	比率	138.4%	101.0%	△37.3ポイント
当座比率	当座資産	116,980	54,785	△62,195
	流動負債	100,212	59,542	△40,670
	比率	116.7%	92.0%	△24.7ポイント
自己資本比率	自己資本	159,044	1,068	△157,976
	総資本	337,257	145,430	△191,827
	比率	47.2%	0.7%	△46.4ポイント

①　流動比率

　流動比率については，施工不備問題を契機とする事業規模の縮小により流動資産，流動負債ともに減少しましたが，特に流動資産の減少額が大きく，結果として流動比率が100％近くまで落ち込みました。

②　当座比率

　当座比率については，当座資産が大幅に減少した結果，100％を割り込みました。

　第3章「現預金管理」で述べたとおり，企業価値は現預金の創出能力いかんに関わりますが，その現預金の減少が特に著しく，45期は1,000億円を超えていた現預金が49期には400億円台まで落ち込み，一時は資

金ショートの危機に陥りました（後述「【参考】当社の財務諸表　連結貸借対照表」参照）。

③　自己資本比率

　多額の赤字計上により，大幅な利益剰余金のマイナス（欠損）となった結果（後述「【参考】当社の財務諸表　連結貸借対照表」参照），45期に1,500億円を超えていた自己資本は10億円台にまで落ち込み，自己資本比率はわずか0.7％と債務超過寸前まで低下しました。

(2)　収益性分析

　施工不備問題による業績の悪化に伴う事業規模の縮小により資産や資本が著しく減少した結果，一般的には収益性の低下が想定されるにもかかわらず，総資産利益率（ROA）や自己資本利益率（ROE）は上昇しました。

（単位：百万円）

経営指標	項目	第45期 (2018年3月期)	第49期 (2022年3月期)	増減
売上高営業利益率	営業利益	22,930	1,774	△21,155
	売上高	530,840	398,366	△132,473
	利益率	4.3%	0.4%	△3.9ポイント
総資産利益率 （ROA）	親会社株主に帰属する当期純利益	14,819	11,854	△2,964
	総資産（注）	337,257	145,430	△191,827
	利益率	4.4%	8.2%	3.8ポイント
自己資本利益率 （ROE）	親会社株主に帰属する当期純利益	14,819	11,854	△2,964
	自己資本（注）	159,044	1,068	△157,976
	利益率	9.3%	1109.8%	1100.5ポイント

（注）厳密には総資産と自己資本については，期首と期末の平均を用いるが，簡便的に期末の数値を使用している。

①　売上高営業利益率

　施工不備問題により賃貸事業や不動産開発事業に係る売上高が大きく減少したにもかかわらず，アパート・オーナーからの借上家賃や賃貸アパートの管理原価などの売上原価が高止まりしたため，営業利益が大幅に減少し，売上高営業利益率は0.4％まで下落しました。

②　総資産利益率（ROA）

　49期において，補修工事関連損失引当金の戻入れが特別利益として多額に計上され（後述「【参考】当社の財務諸表　連結損益計算書」参照），45期と比べて49期の当期純利益はそれほど落ち込まなかった一方，事業規模の縮小に伴い総資産が3,300億円から1,400億円まで半減した結果，総資産利益率は8.2％まで上昇しました。

③　自己資本利益率（ROE）

　自己資本利益率は，1,300億円にものぼる多額の欠損金計上に伴う自己資本の縮小により（後述「【参考】当社の財務諸表　連結貸借対照表」参照），大幅に上昇することとなりました。

　総資産利益率（ROA）と自己資本利益率（ROE）については，多額の引当金戻入れという特殊要因による上昇であり，必ずしも会社の実力が反映されているとはいえません。

　経営指標は業績を俯瞰するためには優れていますが，経営指標だけでは判断を誤ってしまう可能性があるため，決算書の中身も合わせて確かめる必要があります。

④　投下資本利益率（ROIC）

　なお，当社においては経営指標の1つとして，投下資本利益率（ROIC：Return On Invested Capital）が公表されています。投下資本

利益率は，株主や債権者から調達した資本（投下資本）により，本業の儲けである営業利益をどれだけ獲得したかを表します。

$$投下資本利益率（\%）＝ \frac{営業利益×（1 －実効税率）}{株主資本＋有利子負債}$$

自己資本利益率（ROE）が株主の立場から経営指標を算定するのに対し，投下資本利益率は投下資本に焦点を当て，また，当期純利益ではなく営業利益を計算要素とします。

しかしながら，投下資本利益率は少々複雑なため，全社的に業績管理を実施するにあたっては，総資産利益率のほうが押しなべて受け入れられる経営指標と考えられます。

当社の投下資本利益率の推移は，以下のとおりです。

	第45期 (2018年3月期)	第46期 (2019年3月期)	第47期 (2020年3月期)	第48期 (2021年3月期)	第49期 (2022年3月期)
投下資本利益率 (ROIC)	7.5%	3.7%	△64.1%	△66.0%	3.5%

(3)　効率性分析

当社の効率性指標は売上や仕入の規模が大きいため，総じてどの経営指標も小さめとなりますが，賃貸事業や不動産開発事業が縮小した結果，一部の回転期間は短くなり，結果として効率性が高まっています。

（単位：百万円）

経営指標	項目	第45期 (2018年3月期)	第49期 (2022年3月期)	増減
売上債権回転期間	売上債権	9,584	9,061	△522
	売上高	530,840	398,366	△132,473
	回転期間（月）	0.22	0.27	0.06
棚卸資産回転期間	棚卸資産	4,510	1,312	△3,197
	売上原価（注）	434,762	352,289	△82,472
	回転期間（月）	0.12	0.04	△0.08
仕入債務回転期間	仕入債務	13,529	2,980	△10,548
	売上原価（注）	434,762	352,289	△82,472
	回転期間（月）	0.37	0.10	△0.27

（注）一般的には棚卸資産回転期間と仕入債務回転期間については，仕入高を使用するが，簡便的に売上原価を使用している。

① 売上債権回転期間

　賃貸事業における賃貸アパートの入居者家賃は原則として前払いであるため，売上債権は売上高に比べて少額であり，施工不備問題の発覚後においても，売上債権回転期間に大きな変化は見られません。

② 棚卸資産回転期間

　賃貸アパートの建築請負工事や不動産販売などの不動産開発事業が大幅に縮小し，棚卸資産が減少した結果，棚卸資産回転期間も短くなりました。

③ 仕入債務回転期間

　事業規模の縮小により，請負工事に係る工事未払金を含む仕入債務が減少し（後述「【参考】当社の財務諸表　連結貸借対照表」参照），仕入債務回転期間も短くなりました。

⑷ 成長性その他の分析

　施工不備問題によって，成長性に係る経営指標は軒並み悪化していま
す。また，配当については，無配に転落しました。

（単位：百万円）

経営指標	項目	第45期 (2018年3月期)	第49期 (2022年3月期)	増減率
売上高増減率	売上高	530,840	398,366	△25.0%
当期純利益増減率	親会社株主に帰属 する当期純利益	14,819	11,854	△20.0%
自己資本増減率	自己資本	159,044	1,068	△99.3%
配当性向 （単体）	1株当たり配当金	22.0円	－	－
	1株当たり 当期純利益	58.4円	43.3円	△25.8%
	配当性向	37.7%	－	－

① 売上高増減率

　施工不備問題の発覚により賃貸事業売上や開発事業売上が大幅に減少
したため，増減率はマイナス25.0％となりました。

　なお，49期の開発事業売上は，損益計算書上，「賃貸事業売上高」に
含まれています（後述「【参考】当社の財務諸表　連結損益計算書」参
照）。

② 当期純利益増減率

　49期に補修工事関連損失引当金が特別利益として多額に戻し入れられ
たことにより（後述「【参考】当社の財務諸表　連結損益計算書」参照），
当期純利益はそれほど落ち込むことなく，増減率はマイナス20.0％にと
どまりました。

③　自己資本増減率

　多額の赤字計上により欠損金が計上された結果（後述「【参考】当社の財務諸表　連結貸借対照表」参照），増減率はマイナス99.3％と大きく下落しました。

④　配当性向

　49期に欠損金が計上され，無配に転落しました。業績の回復により，一刻も早い復配が待たれるところです。

【参考】当社の財務諸表

連結貸借対照表

(単位：百万円)

	第45期 (2018年3月31日)	第49期 (2022年3月31日)	増減
現金及び預金	106,543	45,523	△61,020
売掛金	7,626	8,618	991
完成工事未収入金	1,957	443	△1,514
売上債権合計	9,584	9,061	△522
営業貸付金	389	－	△389
有価証券	462	200	△262
当座資産合計	116,980	54,785	△62,195
販売用不動産	952	693	△258
仕掛販売用不動産	2,571	－	△2,571
未成工事支出金	458	213	△244
原材料及び貯蔵品	528	405	△123
棚卸資産合計	4,510	1,312	△3,197
前払費用	3,544	1,634	△1,909
繰延税金資産	8,494	－	△8,494
未収入金	1,027	730	△297
その他	4,249	3,954	△295
貸倒引当金	△145	△2,255	△2,110
流動資産合計	138,661	60,161	△78,499
建物及び構築物	42,705	18,852	△23,853
機械装置及び運搬具	12,547	7,534	△5,013
土地	63,638	31,269	△32,369
リース資産	16,028	1,976	△14,051
建設仮勘定	5,208	92	△5,116
その他	3,215	4,926	1,710
有形固定資産合計	143,344	64,652	△78,692
のれん	2,886	6	△2,879
その他	8,102	3,130	△4,971
無形固定資産合計	10,988	3,136	△7,851
投資有価証券	17,999	5,180	△12,819
長期貸付金	513	1,126	612
固定化営業債権	1,264	267	△996
長期前払費用	3,831	577	△3,253
繰延税金資産	18,268	6,596	△11,671
その他	3,969	4,647	678
貸倒引当金	△2,023	△914	1,108
投資その他の資産合計	43,823	17,480	△26,343
固定資産合計	198,156	85,269	△112,887
社債発行費	440	－	△440
繰延資産合計	440	－	△440
資産合計	337,257	145,430	△191,827

（単位：百万円）

	第45期 （2018年 3 月31日）	第49期 （2022年 3 月31日）	増減
電子記録債務	1,451	−	△1,451
買掛金	4,245	2,552	△1,692
工事未払金	7,832	427	△7,405
仕入債務合計	13,529	2,980	△10,548
短期借入金	1,210	−	△1,210
1 年内返済予定の長期借入金	1,754	53	△1,700
1 年内償還予定の社債	3,966	−	△3,966
リース債務	5,960	1,992	△3,967
未払金	22,337	9,123	△13,214
未払法人税等	942	1,304	361
前受金	39,964	31,733	△8,231
未成工事受入金	4,592	268	△4,324
完成工事補償引当金	389	7	△381
保証履行引当金	1,158	2,187	1,028
資産除去債務	43	−	△43
補修工事関連損失引当金	−	1,941	1,941
空室損失引当金	−	4,218	4,218
その他	4,363	3,732	△631
流動負債合計	100,212	59,542	△40,670
社債	12,069	−	△12,069
長期借入金	16,643	30,429	13,785
リース債務	12,226	569	△11,656
長期前受金	15,853	7,151	△8,701
長期預り敷金保証金	6,989	7,382	393
補修工事関連損失引当金	−	16,145	16,145
繰延税金負債	122	11	△111
役員賞与引当金	10	−	△10
空室損失引当金	3,044	1,414	△1,629
退職給付に係る負債	7,338	9,525	2,186
資産除去債務	84	−	△84
その他	3,224	2,222	△1,001
固定負債合計	77,606	74,854	△2,752
負債合計	177,819	134,396	△43,423
資本金	75,282	100	△75,182
資本剰余金	45,235	136,345	91,109
利益剰余金	37,839	△135,749	△173,589
自己株式	△430	△302	127
株主資本合計	157,926	392	△157,534
その他有価証券評価差額金	586	△39	△626
為替換算調整勘定	872	746	△126
退職給付に係る調整累計額	△341	△31	310
その他の包括利益累計額合計	1,117	675	△441
自己資本合計	159,044	1,068	△157,976
新株予約権	284	357	72
非支配株主持分	109	9,608	9,499
純資産合計	159,438	11,034	△148,404
負債純資産合計	337,257	145,430	△191,827

連結損益計算書

(単位：百万円)

	第45期 (2018年3月期)	第49期 (2022年3月期)	増減
賃貸事業売上高	435,537	383,043	△52,494
開発事業売上高	76,587	―	△76,587
その他の事業売上高	18,715	15,322	△3,392
売上高合計	530,840	398,366	△132,473
賃貸事業売上原価	359,262	336,339	△22,923
開発事業売上原価	55,201	―	△55,201
その他の事業売上原価	20,298	15,950	△4,348
売上原価合計	434,762	352,289	△82,472
売上総利益合計	96,077	46,077	△50,000
広告宣伝費	4,235	2,718	△1,517
販売手数料	2,289	2,328	38
貸倒引当金繰入額	51	2,202	2,151
役員報酬	799	302	△497
給料及び賞与	33,408	14,960	△18,448
役員賞与引当金繰入額	10	―	△10
退職給付費用	1,844	1,263	△580
賃借料	2,769	2,517	△251
減価償却費	2,679	2,079	△599
租税公課	4,965	4,530	△435
その他	20,093	11,399	△8,694
販売費及び一般管理費合計	73,147	44,302	△28,845
営業利益	22,930	1,774	△21,155
受取利息	109	34	△74
受取配当金	162	65	△96
投資有価証券評価益	186	129	△57
為替差益	―	1	1
雇用調整助成金	―	242	242
その他	216	354	137
営業外収益合計	674	827	153
支払利息	783	4,474	3,690
社債発行費	212	―	△212
為替差損	137	―	△137
持分法による投資損失	0	162	161
その他	115	117	1
営業外費用合計	1,250	4,754	3,504
経常利益又は経常損失（△）	22,354	△2,151	△24,506
固定資産売却益	927	120	△806
投資有価証券売却益	―	0	0
補修工事関連損失引当金戻入額	―	11,959	11,959
特別利益合計	927	12,080	11,153
固定資産売却損	27	―	△27
固定資産除却損	112	45	△66
減損損失	7,594	118	△7,475
店舗閉鎖損失	―	69	69
契約解除損失	66	―	△66
損害賠償金	330	―	△330
特別損失合計	8,131	234	△7,896
税金等調整前当期純利益	15,150	9,693	△5,456
法人税、住民税及び事業税	856	1,444	588
法人税等調整額	△519	△4,401	△3,881
法人税等合計	337	△2,956	△3,293
当期純利益又は当期純損失（△）	14,813	12,650	△2,162
非支配株主に帰属する当期純利益	△6	795	802
親会社株主に帰属する当期純利益	14,819	11,854	△2,964

連結キャッシュ・フロー計算書

（単位：百万円）

	第45期 （2018年3月期）	第49期 （2022年3月期）	増減
営業活動によるキャッシュ・フロー			
税金等調整前当期利益	15,150	9,693	△ 5,456
減価償却費	11,726	9,352	△ 2,374
減損損失	7,594	118	△ 7,475
補修工事関連損失引当金戻入額	－	△ 11,959	△ 11,959
損害賠償損失	330	－	△ 330
のれん償却額	522	7	△ 515
貸倒引当金の増減額（△は減少）	28	2,355	2,326
退職給付に係る負債の増減額（△は減少）	△ 3,786	△ 14	3,771
空室損失引当金の増減額（△は減少）	△ 138	△ 6,629	△ 6,490
受取利息及び受取配当金	△ 271	△ 100	170
支払利息	783	4,474	3,690
為替差損益（△は益）	137	△ 1	△ 138
持分法による投資損益（△は益）	0	162	161
有形固定資産売却損益（△は益）	△ 899	△ 120	779
有形固定資産除却損	112	45	△ 66
投資有価証券評価損益（△は益）	△ 186	△ 129	57
投資有価証券売却損益（△は益）	－	△ 0	△ 0
売上債権の増減額（△は増加）	△ 252	△ 523	△ 271
販売用不動産の増減額（△は増加）	△ 960	2	963
未成工事支出金の増減額（△は増加）	60	25	△ 35
長期前払費用の増減額（△は増加）	369	535	165
仕入債務の増減額（△は減少）	△ 1,105	△ 1,029	75
未成工事受入金の増減額（△は減少）	△ 789	△ 272	516
前受金の増減額（△は減少）	△ 823	△ 2,188	△ 1,364
預り保証金の増減額（△は減少）	△ 159	701	860
未払消費税の増減額（△は減少）	934	121	△ 812
その他	1,220	△ 2,023	△ 3,244
小計	29,600	2,603	△ 26,996
利息及び配当金の受取額	355	105	△ 250
利息の支払額	△ 714	△ 4,455	△ 3,740
補修工事関連支払額	－	△ 2,172	△ 2,172
法人税等の支払額	△ 1,902	△ 541	1,361
営業活動によるキャッシュ・フロー	27,338	△ 4,460	△ 31,799
投資活動によるキャッシュ・フロー			
有形固定資産の取得による支出	△ 11,218	△ 705	10,513
有形固定資産の売却による収入	14,121	1,458	△ 12,663
無形固定資産の取得による支出	△ 818	△ 781	36
投資有価証券の取得による支出	△ 5,966	△ 313	5,652
投資有価証券の売却による収入	22	1,180	1,158
子会社株式取得による支出	△ 401	－	401
貸付による支出	△ 8	△ 31	△ 22
貸付金の回収による収入	14	73	58
定期預金の預入による支出	△ 1,500	－	1,500
定期預金の払戻による収入	5,486	17	△ 5,469
その他	△ 2,068	△ 10	2,057
投資活動によるキャッシュ・フロー	△ 2,336	886	3,223
財務活動によるキャッシュフロー			
短期借入れによる収入	2,455	－	△ 2,455
短期借入金の返済による支出	△ 1,250	－	1,250
長期借入れによる収入	4,303	－	△ 4,303
長期借入金の返済による支出	△ 1,268	△ 75	1,192
ファイナンス・リース債務返済による支出	△ 4,953	△ 3,239	1,713
社債の償還による支出	△ 3,966	－	3,966

152

自己株式の取得による支出	△ 8,000	－	8,000
子会社の自己株式取得による支出	－	△ 1,400	△ 1,400
連結の範囲の変更を伴わない子会社株式の取得による支出	－	△ 0	△ 0
非支配株主への配当金の支払額	△ 3	△ 1,171	△ 1,168
ストックオプションの行使による収入	2	0	△ 2
株主への配当額	△ 5,675	－	5,675
財務活動によるキャッシュ・フロー	△ 18,354	△ 5,886	12,468
現金及び現金同等物に係る換算差額	△ 166	220	387
現金及び現金同等物に係る増減額（△は減少）	6,480	△ 9,240	△ 15,720
現金及び現金同等物期首残高	91,766	53,346	△ 38,419
連結除外に伴う現金及び現金同等物の減少額	－	△ 82	△ 82
現金及び現金同等物期末残高	98,246	44,023	△ 54,223

第8章
直接原価計算

1 一般的な損益計算書

本章では，費用を変動費と固定費とに分類し，前述した一般的な損益計算書（第2章①「損益計算書」参照）とは異なった形式での損益計算書を作成することによる業績管理について説明します。

例えば，以下のような組織を前提として，A支店の業績を管理するケースを想定します。

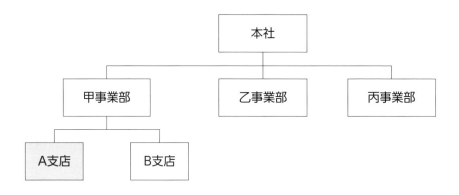

A支店の損益管理のためには，まずは，前述したような一般的な損益計算書を作成することが有用です。支店の担当者が管理可能な利益としては，損益計算書上の「営業利益」がこれに該当するものと仮定して説明しました（第2章⑤「売上管理」参照）。

一般的な損益計算書

項目	金額
売上高	500
売上原価	300
売上総利益	200
販売費及び一般管理費	160
営業利益	40
営業外収益	10
営業外費用	20
経常利益	30
特別利益	10
特別損失	20
税引前利益	20
法人税等	6
当期純利益	14

支店の担当者が
管理可能な利益

　しかしながら，厳密にいえば，売上原価や販売費及び一般管理費の中には，支店の担当者が管理できない費用が含まれている場合があります。
　そこで，この損益計算書にもう一工夫加えることが必要です。

2　直接原価計算に基づく損益計算書

(1)　費用の区分

①　変動費と固定費の区分

　すべての費用は「変動費」と「固定費」とに区分できます。「変動費」とは売上高に比例して発生する費用で，例えば，小売業であれば商品の売上原価が変動費に該当し，「固定費」は売上高に比例せずに発生する費用です。
　さて，A支店の各費用項目について，以下のように変動費が合計300，固定費が合計180と区分できたとします。

項目	金額
売上高	500
売上原価	300
売上総利益	200
販売費及び一般管理費	160
営業利益	40
営業外収益	10
営業外費用	20
経常利益	30
特別利益	10
特別損失	20
税引前利益	20
法人税等	6
当期純利益	14

A支店の変動費・固定費

項目	変動費	固定費	合計
売上原価	240	60	300
販売費及び一般管理費	60	100	160
営業外費用の純額 （営業外費用-営業外利益）	‒	10	10
特別損失の純額 （特別損失-特別利益）	‒	10	10
合計	300	180	480

②　固定費の区分

このうち，固定費は以下の３つに区分することができます。

○個別固定費：支店担当者の人件費，事務所家賃，減価償却費な
　どA支店で個別に発生する固定費
○共通費：A支店が所属する甲事業部で発生する費用のうち，A
　支店負担分
○本社費：本社で発生する費用のうちA支店負担分

なお，本書においては，共通費と本社費を合わせて「本社費等」とい
うこととします。

例えば，A支店の固定費が以下のように区分できたとします。

A支店の変動費・固定費

項目	変動費	個別固定費	共通費	本社費	合計
売上原価	240	60	—	—	300
販売費及び一般管理費	60	60	30	10	160
営業外費用の純額 （営業外費用-営業外利益）	—	—	—	10	10
特別損失の純額 （特別損失-特別利益）	—	—	—	10	10
合計	300	120	30	30	480

(2)　直接原価計算に基づく損益計算書

　A支店の当期純利益を求めるにあたっては，以下のように，売上高からまず変動費，次に3つの固定費の順に控除して4つの段階利益を算定します。

　これを「直接原価計算に基づく損益計算書」といいます。

直接原価計算に基づく損益計算書

項目	金額	備考
売上高	500	
変動費	300	売上高に比例して発生する費用
限界利益	200	
個別固定費	120	支店で個別に発生する固定費
貢献利益	80	
本社費等	60	共通費30＋本社費30
税引前利益	20	
法人税等	6	税引前利益の30％と仮定
当期純利益	14	

　上表に示したように，直接原価計算に基づく損益計算書においては，以下の段階利益が算定されます。

①　限界利益

　売上高から変動費を差し引いて求めます。変動費は売上高に比例しますから，限界利益も売上高に比例することになります。

②　貢献利益

　限界利益から個別固定費を控除して計算します。貢献利益の構成要素である売上高，変動費と個別固定費は，すべてA支店で発生する損益です。したがって，貢献利益はA支店でコントロール可能な利益，すなわちA支店の努力で稼ぐことができる支店固有の利益と考えます。

③　税引前利益

　貢献利益からA支店が負担すべき本社費等を控除して求めます。

④　当期純利益

　税引前利益から法人税等を差し引いて求めます。

(3)　支店が責任を負う利益

　それでは，上記の段階利益のうち，A支店が責任を負うべき利益はどの利益でしょうか。感覚的には，A支店でコントロール可能な「貢献利益」が責任を負うべき利益とも考えられますが，最終利益である「当期純利益」が責任を負うべき利益となります。

　A支店を運営するためには，甲事業部や本社によるサポートが欠かせません。したがって，本社費等も支店活動に不可欠な費用として負担しなければならず，さらに，利益を計上すれば税金も負担しなければなり

ません。

　したがって，たとえ支店固有の利益である貢献利益が黒字であっても，当期純利益が黒字でなければ，支店が利益責任を果たしたとはいえないのです。

【支店が責任を負う利益】

支店が責任を負うべき利益
当期純利益

支店が管理可能な利益
貢献利益

【設例】

　以下の資料に基づき，各支店の段階利益を算定のうえ，支店の業績評価を行ってください。

　なお，表中，「変動費率」とは変動費の売上高に対する割合をいい，本社費等は売上高の割合に基づき各支店で負担することとします。

	A支店	B支店	合計
売上高	300	200	500
変動費率	80%	75%	
個別固定費	20	10	30
本社費等			50
税率	30%		

【解答】

　以下の損益計算書を作成の上，業績評価を行います。

直接原価計算に基づく損益計算書

	A支店	B支店	合計	備考
売上高	300	200	500	
変動費	240	150	390	A：300×80％＝240，B：200×75％＝150
限界利益	60	50	110	
個別固定費	20	10	30	
貢献利益	40	40	80	
本社費等	30	20	50	A：50×300/500＝30，B：50×200/500＝20
税引前利益	10	20	30	
法人税等	3	6	9	A：10×30％＝3，B：20×30％＝6
当期純利益	7	14	21	

【業績評価】

　A支店の売上規模のほうがB支店より大きいものの，各支店が責任を負うべき当期純利益はB支店のほうが大きいため，より貢献度が高いと判断できます。

3 直課と配賦

(1)　固定費の負担方法

　固定費のうち，個別固定費は支店で個別に発生する費用ですから，変動費と同様，支店が直接負担します。これを固定費の「直課（賦課）」といいます。

　一方，本社費等については，一定の按分割合に基づいて各支店が負担します。これを固定費の「配賦」といいます。

【個別固定費は直課，本社費等は配賦】

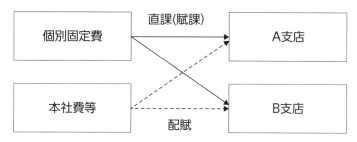

(2)　本社費等の配賦

①　配賦基準の決定

　直接原価計算を実施するに際しては，本社費等をどのような割合で各支店へ配賦するのかという点が悩ましい問題となります。どの支店もなるべく費用負担を押さえたいはずですから，できるだけ客観的な基準を用いて配賦しなければなりません。

　ただし，あまりに厳密な方法で配賦すると手続が煩雑となるため，例えば，売上高や人員数などできるだけシンプルな配賦基準を定める必要があります。たとえ厳密な方法によったとしても，簡便な方法と大して結果は変わらない場合も多いのです。

②　暫定的な決定

　配賦基準を決めるにあたっては，当初から確定させずに暫定的に決定するのも一法です。仮に，支店からの納得が得られなければ，適宜，配賦基準を修正することにより，いずれは腹落ち感のある基準に落ち着きます。場合によっては，負担割合について支店からクレームが来るかもしれません。ただ，それは直接原価計算の導入に対する支店の関心が高いことを示し，むしろ喜ばしい状況といえます。「支店から文句が来た

162

ら勝ち」なのです。

なお，例えば，支店を取り巻く環境が大きく変われば，配賦基準の見直しも必要となるかもしれませんが，会計上，また税務上も，一度確定した配賦基準をむやみに変更することはできないことに留意する必要があります。

(3) 予定価格の利用

月次決算を実施する場合，迅速な意思決定のために翌月10日までに決算を締める必要があります（第2章⑦「損益管理のタイミング」参照）。月次決算は正確性よりスピードが要請され，多少の誤差があったとしても経営意思決定に重要な影響を及ぼすものではないため，期末の確定決算とは異なり，暫定的な数値で構いません。

したがって，例えば，変動費として人件費を直課する場合に，日計表やタイムレポートなどにより集計された作業時間にあらかじめ定めた予定賃率を乗じたり，また，固定費を配賦する場合に，年間の予算を12で割った金額を用います。

【予定価格の利用による決算早期化】

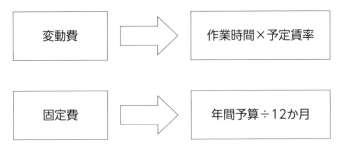

4 　損益分岐点売上高

(1)　損益分岐点売上高

前述②の【設例】におけるA支店の損益計算書を再掲します。

直接原価計算に基づく損益計算書

項目	金額
売上高	300
変動費	240
限界利益	60
個別固定費	20
貢献利益	40
本社費等	30
税引前利益	10
法人税等	3
当期純利益	7

　A支店の損益は以下の計算式で求めることができますが，A支店の当期純利益がちょうど0となるときの売上高を算定してみます。

当期純利益＝売上高－変動費－固定費（個別固定費＋本社費等） 　　　　　　－法人税等

当期純利益が0の場合，法人税等も0となると考えれば，

変動費＝売上高×80%（変動費率）

個別固定費＝20，本社費等＝30

を計算式に当てはめると，

$\quad 0 =$ 売上高 $-$ 売上高 $\times 80\% - (20+30) - 0$

$\quad \Rightarrow \quad 0 =$ 売上高 $\times 20\% - 50$

$\quad \Rightarrow \quad$ 売上高 $= 250$

と算定され，売上高が250のときに当期純利益が 0 となります。

　このように，利益が 0 となるときの売上高を損益分岐点売上高といい，以下のような損益計算書が作成できます。

直接原価計算に基づく損益計算書

項目	現状	損益分岐点 売上高	備考
売上高	300	250	
変動費	240	200	売上高250×変動費率80％＝200
限界利益	60	50	
個別固定費	20	20	
貢献利益	40	30	固定費計50
本社費等	30	30	
税引前利益	10	0	
法人税等	3	0	
当期純利益	7	0	
総費用	290	250	変動費200＋固定費50＝250

(2)　損益分岐点売上高の図示

　損益分岐点売上高を図示すると，次のようになります。

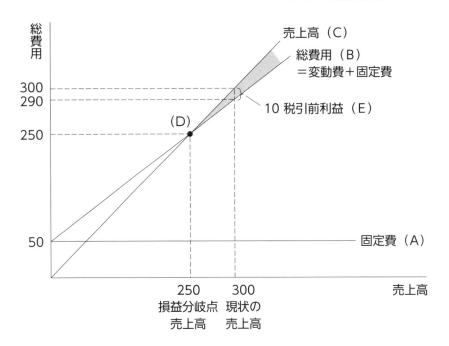

　図の縦軸は総費用（法人税等を除く）で，横軸は売上高です。

　まず，固定費50は売上高に比例せずに一定額が発生するため，図上で横置きします（A）。

　次に，変動費は売上高に比例するため，固定費の上に変動費を重ねると，右肩上がりの総費用が図示できます（B）。

　最後に，総費用と等しくなる売上高の線を引きます（C）。

　上の図において，総費用と売上高が一致する売上高が損益分岐点売上高となります（D）。

　売上高が損益分岐点売上高を超えると，税引前利益が発生し（網掛け部分），現状の売上高300のとき，総費用は290と算定されるため，差額10が税引前利益となります（E）。

> 税引前利益 10 ＝売上高 300 －総費用 290（売上高 300 ×変動費率 80％＋個別固定費 20 ＋本社費等 30）

5 利益の改善方法

　前述したように，A支店の損益は以下の計算式で求められますが，A支店が当期純利益を増やすためには，どのような方法が考えられるでしょうか。

> 当期純利益＝売上高－変動費－固定費（個別固定費＋本社費等）
> 　　　　　　－法人税等

　上の計算式のうち，法人税等についてはA支店が管理することはできませんし，本社費等についてもA支店に割り当てられた金額ですから管理不能です。したがって，A支店が管理できる貢献利益の計算要素である売上高，変動費，個別固定費を対象とした以下の図で示した①～③の改善方法が考えられます。

【A支店の利益改善方法】

直接原価計算に基づく損益計算書

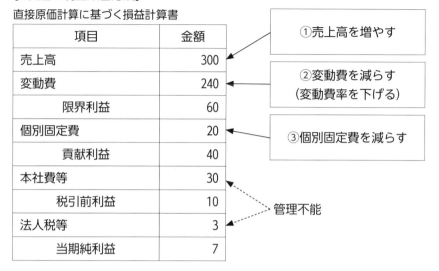

項目	金額
売上高	300
変動費	240
限界利益	60
個別固定費	20
貢献利益	40
本社費等	30
税引前利益	10
法人税等	3
当期純利益	7

①売上高を増やす

②変動費を減らす
（変動費率を下げる）

③個別固定費を減らす

管理不能

【設例】

　前述②の【設例】におけるB支店の損益計算書を再掲します。

　B支店の損益分岐点売上高を算定してください。

直接原価計算に基づく損益計算書

項目	金額
売上高	200
変動費	150
限界利益	50
個別固定費	10
貢献利益	40
本社費等	20
税引前利益	20
法人税等	6
当期純利益	14

168

【解答】

A支店同様，以下の計算式で算定します。

> 当期純利益＝売上高－変動費－固定費（個別固定費＋本社費等）
> －法人税等

当期純利益が0で法人税等も0となると考えれば，

変動費＝売上高×75％（変動費率）

個別固定費＝10，本社費等＝20

を計算式に当てはめると，

0＝売上高－売上高×75％－（10＋20）－0

⇒　0＝売上高×25％－30

⇒　売上高＝120

と算定され，売上高が120のときに当期純利益が0となります。

直接原価計算に基づく損益計算書

項目	現状	損益分岐点売上高	備考
売上高	200	120	
変動費	150	90	売上高120×変動費率75％＝90
限界利益	50	30	
個別固定費	10	10	
貢献利益	40	20	固定費計30
本社費等	20	20	
税引前利益	20	0	
法人税等	6	0	
当期純利益	14	0	
総費用	180	120	変動費90＋固定費30＝120

損益分岐点売上高を図示すると以下のとおりです。

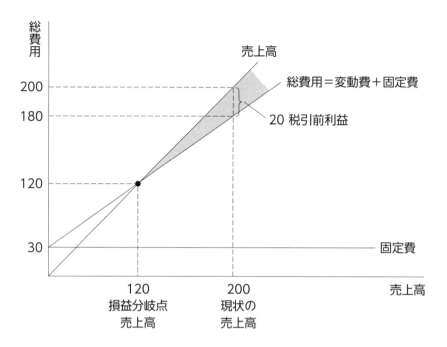

A支店と比べた場合，

変動費率は，

A支店80％＞B支店75％とB支店のほうが低く，

固定費も，

A支店50＞B支店30と，やはりB支店のほうが低いため，

損益分岐点売上高は，

A支店250＞B支店120と，B支店のほうが少額となっています。

　損益分岐点売上高が少額な場合，少ない売上高でも利益が計上されますから，B支店のほうがA支店より優れた損益構造であるといえます。

6 当社の損益計算書

(1) 公表済みの損益計算書

　以下は，当社の業績が底打ちした49期の売上原価明細書と損益計算書（いずれも単体）です。

　各損益項目について，仮の数値を使って変動費と固定費とに区分します。

　まず，売上原価の各項目を変動費と固定費とに区分し，固定費はすべて個別固定費と仮定します。次に，損益計算書のうち，売上原価以外の各項目について，変動費と固定費とに区分し，簡便的に固定費はすべて本社費等と仮定します。

売上原価明細書 (単位：百万円)

区　分	第49期 (2022/3)	区分	
		変動費	個別固定費
借上賃料	268,093	―	268,093
管理物件維持・管理費	30,266	―	30,266
マンスリー水光熱費	10,059	10,059	―
社有物件減価償却費	89	―	89
その他の経費	11,985	―	11,985
ブロードバンド事業売上原価	7,037	7,037	―
営繕工事原価	3,309	―	3,309
請負・不動産事業売上原価	518	518	―
賃貸事業売上原価	331,360	17,616	313,744
シルバー事業売上原価	10,287	―	10,287
その他の事業売上原価	10,287	―	10,287
売上原価合計	341,647	17,616	324,031

(注) 円単位で計算しているため，合計欄の下1桁は一致しない。

損益計算書 (単位：百万円)

	第49期(2022/3)	区分			備考
		変動費	個別固定費	本社費等	
賃貸事業売上高	372,170				
その他の事業売上高	10,651				
売上高合計	382,822				
賃貸事業売上原価	331,360	17,616	313,744		
その他の事業売上原価	10,287	−	10,287		
売上原価合計	341,647	17,616	324,031		
売上総利益	41,174				
販売費及び一般管理費	38,803	5,301	−	33,501	販売関連費用を変動費と仮定
営業利益	2,370				
営業外収益	1,293	−	−	1,293	営業外費用の純額
営業外費用	4,714	−	−	4,714	3,421百万円
経常損失（△）	△1,050				
特別利益	11,969	−	−	11,969	特別損失の純額
特別損失	671	−	−	671	△11,297百万円
税引前当期純利益	10,247				
法人税等	△4,004	−	−		
当期純利益	14,251				
合計		22,918	324,031	25,625	
		(A)	(B)	(C)	

（注）円単位で計算しているため，合計欄の下1桁は一致しない。

(2) 直接原価計算に基づく損益計算書

上記の費用区分に従って，直接原価計算に基づく損益計算書を作成します。なお，簡便的に法人税等は0とします。

直接原価計算に基づく損益計算書 (単位：百万円)

項目	金額	備考
売上高	382,822	
変動費	22,918	損益計算書の区分末尾の（A）
限界利益	359,903	
個別固定費	324,031	損益計算書の区分末尾の（B）

172

貢献利益	35,872	
本社費等	25,625	損益計算書の区分末尾の（C）
税引前利益	10,247	
法人税等	−	
当期純利益	10,247	

⑶ 損益分岐点売上高

以下の計算式に従って，当社の損益分岐点売上高を計算してみます。

> 当期純利益＝売上高−変動費−固定費（個別固定費＋本社費等）
> −法人税等

変動費率は以下のように算定されます。

> 変動費 22,918 百万円÷売上高 382,822 百万円＝6.0％（小数点以下四捨五入）

個別固定費＝324,031百万円，本社費等＝25,625百万円ですから，計算式に当てはめると，

0＝売上高−売上高×6.0％−（324,031百万円＋25,625百万円）− 0

⇒　0＝売上高×94.0％−349,656百万円

⇒　売上高＝371,975百万円

と算定され，売上高が3,700億円のときに当期純利益が0となり，以下のような損益計算書が作成できます。

直接原価計算に基づく損益計算書　　　　　　　　　　（単位：百万円）

項目	現状	損益分岐点売上高	備考
売上高	382,822	371,975	

変動費	22,918	22,318	売上高371,975×変動費率6％＝22,318百万円
限界利益	359,903	349,656	
個別固定費	324,031	324,031	固定費計349,656百万円
貢献利益	35,872	25,625	
本社費等	25,625	25,625	
税引前利益	10,247	－	
法人税等	－	－	
当期純利益	10,247	－	
総費用	372,574	371,975	変動費22,318＋固定費349,656＝371,975百万円

(4)　損益分岐点売上高の図示

　損益分岐点売上高を図示すると以下のとおりですが，49期の売上高3,800億円は損益分岐点売上高に近似しており，どうにか利益を計上することができる売上高であったといえます。

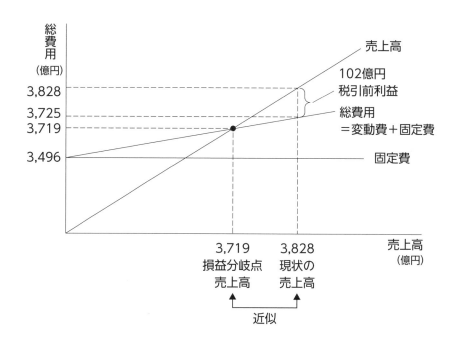

(5) 損益構造の特徴

　当社における損益構造の特徴として，変動費率がわずか6％であることと，固定費の割合が高いことが挙げられます。これは，アパート・オーナーからの借上家賃や賃貸アパートの管理原価など，主たる費用である売上原価のほとんどが固定費であることによります（(1)の表「売上原価明細書」参照）。固定費の割合が高いということは，それだけ損益分岐点売上高が多額になることを意味します。

　すなわち，以下の図のように，固定費の割合が高い分だけ売上高が多額に計上されなければ，利益は計上されません。

【固定費の割合が高い場合】

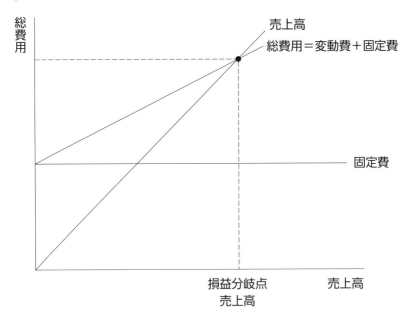

　一方，固定費の割合が低ければ，以下の図のように，たとえ少額の売上高でも利益が計上されることになります。

【固定費の割合が低い場合】

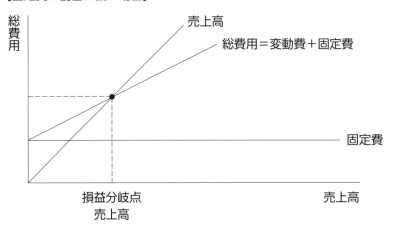

　当社は固定費の割合が高く，多額の売上が計上されなければならないにもかかわらず，施工不備問題によって売上高が損益分岐点売上高を大きく下回った結果，多額の赤字が計上されることとなりました。

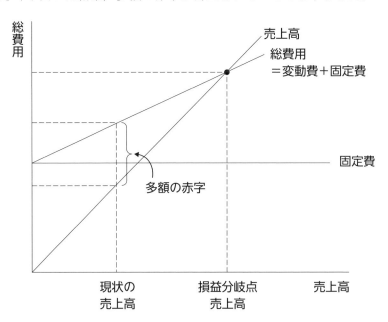

　当社はアパート・オーナーから賃貸アパートを一括して借り上げるため，たとえ空室であっても借上家賃や維持管理費用が発生します。この一括借上げというビジネスモデルこそが，当社の損益構造を決定づけていることになります。

(6)　抜本的施策

　当社は施工不備問題に端を発した経営危機からの脱却を目指すため，抜本的な施策を講じる必要に迫られました。直接原価計算に基づく損益計算書を前提とすると，業績改善のための施策として，一般的には，

　①　売上高を増やす
　②　変動費を減らす（変動費率を下げる）
　③　固定費を減らす

のいずれかが考えられます。

　なお，支店における業績改善に際しては，本社費等は管理不能な費用とされるため個別固定費のみが管理対象となりますが，会社全体における業績改善に際しては，本社費等も管理可能な費用となり，すべての固定費が管理対象となります（⑤「利益の改善方法」参照）。

　さて，当社の変動費率が低いという損益構造を考慮すると，①の売上高を増やすか，③の固定費を減らすことが効果的な施策と考えられます。図で示せば，以下のとおりです。

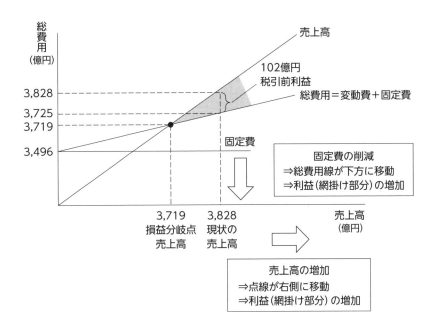

　当社において実施された主な施策は以下のとおりであり，理にかなった施策といえるのではないでしょうか。

【主な抜本的施策】

項目	内容
売 上 高 の 増 加	入居者獲得のための仲介業者の活用
固 定 費 の 削 減	近隣相場を基礎とする借上賃料の適正化
	賃貸アパートに係る管理原価の見直し
	早期退職制度の採用による人件費削減

（注）　第1章②⑶「抜本的施策」参照

　これらの施策が功を奏し，当社の業績はようやく底打ちしました。施

策をやり切ったということは，もはや賃貸事業における改善の余地は少なく，賃貸事業のみによる会社の成長は難しくなるため，事業の多角化が望まれるところです。すなわち，賃貸事業のみの一本足打法ではなく，賃貸アパートに係る請負事業やメンテナンス事業などへの展開が考えられます。

　いずれにせよ，このような多角化が図られた場合は，賃貸事業と同様に，対象事業ごとの業績管理が別途必要となることに留意します。

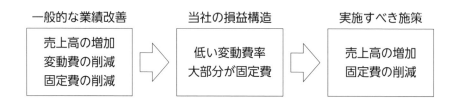

7　当社の支店損益

(1)　支店損益の内容

　直接原価計算に基づく当社の支店損益の内容は，以下のとおりです。

　なお，現状，支店担当者の人事権を含めて支店の裁量が必ずしも十分には認められていません。支店損益について各支店に責任を負わせる場合は，貢献利益の計算要素である売上高，変動費，個別固定費について支店単独で管理可能となるように，一定の権限を付与する必要があります。

直接原価計算に基づく損益計算書

項目	金額	備考
売上高	×××	支店単独で管理可能な項目⇒裁量権の付与が必要
変動費	×××	
限界利益	×××	
個別固定費	×××	
貢献利益	×××	
本社費等	×××	管理不能
税引前利益	×××	
法人税等	×××	
当期純利益	×××	

① 　売上高

　主として支店が管轄する地域の入居者家賃が，支店の売上高となります。

② 　変動費

　前述した会社の損益構造と同様，支店の変動費も少額と考えられます（6(5)「損益構造の特徴」参照）。

③ 　個別固定費

- 売上原価のうち，アパート・オーナーからの借上家賃や賃貸アパートに係る管理原価
- 販売費及び一般管理費のうち，支店担当者に係る人件費，事務所家賃，減価償却費

などが主たる個別固定費と考えられます。

④　本社費等

- 共通費として，所管事業部に係る費用全般のうち支店負担分
- 本社費として，本社部門の人件費，広告宣伝費，支払利息のうち支店負担分

などが主たる本社費等と考えられます。

(2)　支店の業績管理に係る留意事項

①　本社費等の配賦基準

　事業部全体に係る費用として，例えば，支店業務を支援する「法人部」に係る費用を挙げることができます。具体的には，同部に係る人件費，事務所家賃，減価償却費などが考えられます。

　支店が同部から支店に紹介された法人顧客と賃貸アパートの賃貸借契約を結んだ場合，賃貸サービスを提供するのは支店ですから，入居者家賃は支店において売上計上し，その上で支店が同部の貢献に見合う分を本社費等の名目で支払うことになります。

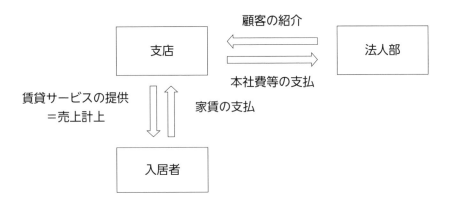

　同部で発生する費用を各支店に配賦するにあたっては，具体的な配賦基準を定めなければなりません。しかしながら，当初からすべての関係

者が納得するような配賦基準を定めることは困難なものと考えられます。

　そこで，最初は暫定的に配賦基準を仮置きし，実際の運用後において関係者が腹落ちするような修正を適宜加えることにより，いずれは広く受け入れられるような配賦基準に落ち着くものと考えられます（③(2)「本社費等の配賦」参照）。例えば，以下のように，当初は各支店に均等に配賦したような場合でも，事後的に支店の人数比により配賦する方法に変更するといったケースが考えられます。

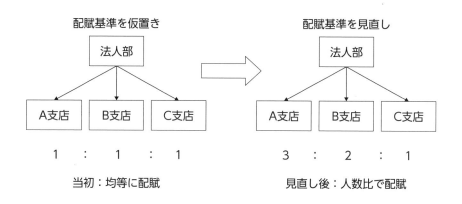

② **本社や事業部との協議**

　支店における業績管理に際しては，本社費等は管理不能な費用となります。ただし，たとえ会社全体の本社費等が削減されなくても，例えば，本社や事業部との協議により支店に係る本社費等の負担割合を軽減させることで，支店利益を増やすこともできることに留意します。

③ **本社費等の把握**

　各支店は支店とは直接関係のない本社費等も負担しなければなりませんが，本社費等には例えば，所管事業部や本社部門の人件費なども含まれており，それなりの負担感があります。したがって，支店で管理でき

ない費用とはいえ，会社全体でどの程度の費用が発生しているのかという金額の規模感くらいは把握しておくことが必要です。

　当社の場合，49期単体で250億円の本社費等が計上されています（6(2)「直接原価計算に基づく損益計算書」参照）。当社の管理戸数は56万戸ですから，ざっくり1戸当たり年間4万5,000円，月額では4,000円弱も支店が負担しなければなりません。1戸当たりの入居者家賃が5万円台とすると，粗利が1万円に届くことはありませんから，それなりの負担感となります。

　もちろん，支店側としても必要経費があることくらい承知の上かとは思いますが，事業部や本社に対する牽制が期待されます。

④　業績管理のタイミング

　各支店に係る月次の業績は遅くとも翌月10日までには算定され，翌月後半に予実分析の結果を踏まえた対応策が講じられる必要があります。

　したがって，算定される数値は期末決算のように必ずしも確定値ではなく，例えば，業務データから得られる暫定的な数値であっても構いません。月次決算は正確性より速報性が優先されるのです（3(3)「予定価格の利用」参照）。

　当社のケースに当てはめると，年度決算は，業務データを経理データに取り込んだ上で決算を締めますが，月次決算はスピードを重視し，業務データから直接，必要なデータを拾って決算を締めることが必要となる場合も考えられます。

[確定決算のプロセス(実線)]

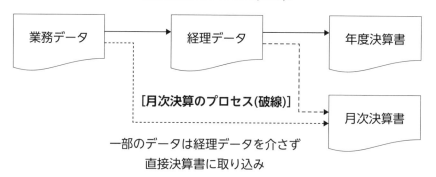

8 | 設 問

　直接原価計算についての理解を深めるために，以下の問題にチャレンジしてみてください。

【問題1】
　本社費等の内訳が以下のとおりである場合の各支店が負担すべき本社費等の金額を算定してください。

項目	金額	A支店	B支店	配賦基準
共通費	40			売上高
本社費	50			人員数
本社費等合計	90			

　参考データ

	A支店	B支店	合計
売上高	100	100	200
人員数	40	60	100

184

【解答】

項目	金額	A支店	B支店	備考
共通費	40	20	20	A支店：40×100/200＝20 B支店：40×100/200＝20
本社費	50	20	30	A支店：50×40/100＝20 B支店：50×60/100＝30
本社費等合計	90	40	50	

【問題2】

　A支店における一般的な損益計算書が以下の場合，直接原価計算に基づく損益計算書を作成してください。

項目	金額	区分		
		変動費	個別固定費	本社費等
売上高	100			
売上原価	50	30	20	―
売上総利益	50			
販売費及び一般管理費	30	20	―	10
営業利益	20			
営業外費用	10	―	―	10
当期純利益	10			
合計		50	20	20

(注) 営業外収益，特別損益，法人税等は0と仮定

【解答】

直接原価計算に基づく損益計算書

項目	金額	備考
売上高	100	
変動費	50	変動費率は変動費50÷売上高100＝50％と算定
限界利益	50	
個別固定費	20	
貢献利益	30	

本社費等	20	
税引前利益	10	
法人税等	0	
当期純利益	10	

【問題3】

　問題2の損益計算書を前提とした場合の損益分岐点売上高を算定してください。

【解答】

　A支店の損益は以下の計算式で求めます。

> 当期純利益＝売上高－変動費－固定費（個別固定費＋本社費等）
> 　　　　　　－法人税等

　法人税等，当期純利益とも0ですから，

　変動費＝売上高×50%（変動費率）

　個別固定費＝20，本社費等＝20

を計算式に当てはめると，

　0＝売上高－売上高×50%－（20＋20）－0

　　⇒　0＝売上高×50%－40

　　⇒　売上高＝80

と算定され，売上高が80のときに当期純利益が0となり，以下のような損益計算書が作成できます。

直接原価計算に基づく損益計算書

項目	現状	損益分岐点 売上高	備考
売上高	100	80	
変動費	50	40	売上高80×変動費率50％＝40
限界利益	50	40	
個別固定費	20	20	
貢献利益	30	20	固定費計40
本社費等	20	20	
税引前利益	10	0	
法人税等	0	0	
当期純利益	10	0	
総費用	90	80	

　損益分岐点売上高については，以下のように図示できます。

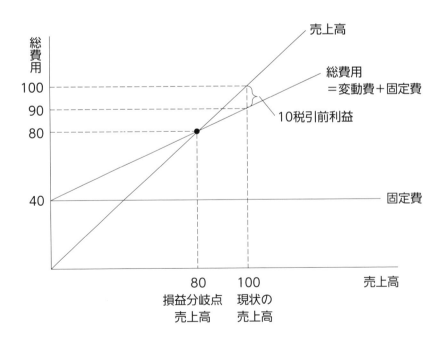

【問題4】

　問題2の損益計算書を前提として，以下の施策が講じられたときの損益計算書を作成してください。

①　変動費の削減：変動費率を50％から40％に下げる

②　個別固定費の削減：個別固定費を半額にする

【解答】

直接原価計算に基づく損益計算書

項目	現状	施策後	備考
売上高	100	100	
変動費	50	40	売上高100×変動費率40％＝40
限界利益	50	60	
個別固定費	20	10	20÷2＝10
貢献利益	30	50	
本社費等	20	20	
税引前利益	10	30	
法人税等	0	0	
当期純利益	10	30	

【問題5】

　問題4における施策実施後の損益計算書を前提とした場合の損益分岐点売上高を算定してください。

【解答】

　A支店の損益は以下の計算式で求めます。

当期純利益＝売上高－変動費－固定費（個別固定費＋本社費等）
　　　　　－法人税等

　法人税等，当期純利益とも0ですから，

188

変動費＝売上高×40％（変動費率）

個別固定費＝10，本社費等＝20

を計算式に当てはめると，

　0＝売上高－売上高×40％－（10＋20）－0

　　⇒　0＝売上高×60％－30

　　⇒　売上高＝50

と算定され，売上高が50のときに当期純利益が0となり，以下のような損益計算書が作成できます。

直接原価計算に基づく損益計算書

項目	施策後	損益分岐点 売上高	備考
売上高	100	50	
変動費	40	20	売上高50×変動費率40％＝20
限界利益	60	30	
個別固定費	10	10	
貢献利益	50	20	固定費計30
本社費等	20	20	
税引前利益	30	0	
法人税等	0	0	
当期純利益	30	0	
総費用	70	50	

　損益分岐点売上高については，以下のように図示できます。

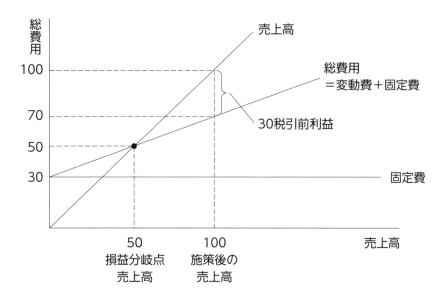

　施策実施前の損益分岐点売上高は80でしたが（問題3参照），施策が
講じられた結果，損益分岐点売上高は50まで減少しました。施策による
損益構造の改善によって，より少ない売上高でも利益が計上されるよう
になったのです。

【問題6】
　問題4の施策が講じられた場合において，さらにA支店の業績を改善
するためにはどのような施策が考えられるでしょうか。

【解答】
　前述のとおり，一般的な施策としては，

①　売上高の増加

②　変動費の削減（変動費率を下げる）

③　固定費の削減

が考えられますが，すでに②の変動費の削減と③のうち個別固定費の削

減に係る施策は実施されましたから，残った施策として以下が考えられます。

④　売上高の増加

⑤　本社費等の削減

本社費等は支店において管理不能ですが，たとえ会社全体の本社費等が削減されなくても，例えば，本社や事業部との協議によりA支店に係る本社費等の負担割合を軽減させることで，支店利益を増やすこともできることに留意します。

こうした施策の実施により，以下のように実線や破線が移動し，利益が増加します。

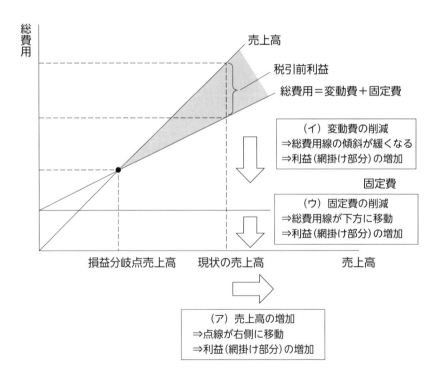

あとがき

　本書が当社の実態を明らかにするにもかかわらず，拙著『経営危機時の会計処理』（中央経済社）に引き続き，出版を快諾してくださった宮尾文也社長と竹倉慎二取締役に，この場を借りて感謝の意を伝えさせていただきます。

　先日，旬刊経理情報（中央経済社）という専門誌が50周年ということで，特集記事の1つとして宮尾社長宛てに執筆の依頼があり，「経理・財務パーソンに求められる2つの資質」というテーマの記事が掲載されました。経理・財務パーソンに必要な資質として，まさしく的を射た内容であり，広く共有させていただきたく，本書で再掲させていただきたいと思います。

　簡単に内容を紹介しますと，経理・財務パーソンに求められる資質のうち，まず，1つ目が「他部署への貢献」です。経理・財務パーソンは経営企画部署やグループ会社に加えて，現業部署や内部監査部署などへの貢献を心掛けなければなりません。

　本書に即していえば，例えば，業績管理の手法を身につけた上で，これを他部署と共有するのも立派な貢献といえるのではないでしょうか。数値は社内の共通言語です。分析結果や課題が共有されることで，一体的な業績管理が図られることになります。

　2つ目に求められる資質は「批判的精神」です。法令や規則，基準といったものを鵜呑みにせず，自分なりの見解を持つことが必要です。

　業績管理の話でいえば，業績管理の手法や改善方法が妥当かどうかについて，自ら判断することが求められます。批判は文句とは異なります。あくまで前向きな意見表明でなければなりません。

　これら2つの資質は経理部署に限らず，他の部署でも必要な資質と考えられます。本書において業績管理の手法をご理解いただき，2つの資質を身につけていただけたら，筆者にとっては，このうえない喜びです。是非ご一読ください。

経理・財務パーソンに求められる2つの資質

旬刊経理情報　2023年8月20日・9月1日合併号（No.1686）

　これからの経理・財務部門について，所見を述べるにあたり，取り立てて目新しいことを申し上げることはないかもしれないが，特に将来の経理・財務部門を支える若手の方々に共感していただければ幸いである。
　筆者は経理・財務部門に求められる資質として，次の2点が特に重要と考えている。かつて，自身も経理・財務部門に在籍していたが，その思いは当時より一切変わらない。

会社のために何が貢献できるかを考えること

　まずは，経理・財務パーソンとして，会社に対してどのような貢献ができるかについて，自ら深く考える資質が求められる。経理・財務部門に限った話ではないが，「Give&Take」ではなく，「Give&Give」の精神である。
　経理・財務パーソンは，経理・財務部門としての本業に加えて，関係部署に対してさまざまなサービスの提供が期待されている。
　たとえば，経営企画部署に対しては，各種IR資料に対するアドバイスの提供が考えられる。業績に係るIR資料のみならず，気候変動・人的資本といったサステナビリティ情報を含む各種の公表資料に対するアドバイスが期待されるほか，組織再編を含む各種施策に係る財務面からのアドバイスなども期待される。また，グループ会社に対しては，会計・税務はもちろん，業績管理その他の内部統制手続に対する支援も期待し得る。さらに，内部監査部門に対する財務上の監査手続や現業部署に対す

る会計・税務上のアドバイスなどの支援も期待できるだろう。

　経理・財務部門がこれらのサービスを提供するにあたっては，特に次の点に留意すべきである。

① 職人的技量

　経理・財務パーソンは職人としての領域まで専門性を高めることを目指さなければならない。そのためには，会計・税務のみならず，会社法，経済学などにも通じ，経営組織や業務管理を含む内部統制手続を習得することが必要となろう。近時，サステナビリティ情報をはじめ企業のステークホルダーに対する情報提供は多岐にわたり，かつ，その機会はますます増えており，これらに対する学びも欠かせない。

　ただし，これら業務について，専門家を適宜，利用する場合もあるだろう。社内や社外において，利用すべき専門家を見極める能力も求められるのである。

　経理・財務パーソンは何よりもスペシャリストとしてのプライドを持つことも必要である。弊社においても，決算資料上の開示ミスを監査法人から指摘されることを恥と考えるメンバーがいる。まさしく，経理・財務部門のキーパーソン足り得る人物である。

② コミュニケーション能力

　一方，職人的技量の獲得と同時に，関係部署はもちろん，社外関係者とのコミュニケーション能力の獲得も欠かせない。ただし，経理・財務パーソン自らこれを習得することは難しい場合も多く，スキル獲得のための研修を含め，会社としてその機会を確保する必要がある。

　弊社においては，施工不備問題という「お家の一大事」に直面したが，経理・財務部門をはじめ，現業部署，経営企画部署などが一致団結し，何とか危機を乗り切ることができたように思う。まさしく，コミュニケーション能力が十分に発揮された局面であったと自負している。

批判的精神を持つこと

　財務・経理パーソンとして2つ目に求められる資質として，法令や会計基準といったものを決して鵜呑みにせず，自ら考え，時としてこれを批判するといった精神を保持する資質が求められる。会計，税務を含む各種の制度に対して，これをそのまま受け入れるのではなく，自ら十分に咀嚼したうえで，その是非まで考えることが肝要である。

　まったくの個人的な見解ではあるが，たとえば，以下のような制度について，自らそのあり方を考えることが必要ではなかろうか。

　まずは，四半期決算制度。四半期決算短信と四半期報告書との統合といった些末な問題ではなく，そもそも四半期決算が必要かどうかについて，未だ議論の余地が残されているかもしれない。財務報告に係る内部統制制度については，書面の整備という形式主義に陥ってはいないか検証することが必要だろう。相も変わらず，粉飾決算が続いている状況を勘案すれば，制度のあり方そのものも問われなければならないかもしれない。上場制度に関しては，わが国固有と言われる親子上場について，少数株主の権利保護という観点から，親子上場そのものの是非を問う必要があるかもしれない。のれんの償却については，国際的な動向はどうあれ，理論上は償却すべきことを主張し続けることが必要なのかもしれない…。

　こうした他部署への貢献と批判的精神の保持こそが求められる資質と考えるが，これら資質の必要性は，たとえ経理・財務部門を取り巻く環境がどのように変わろうとも微塵の影響を受けるものではないことを強調しておきたい。

　かつて，入社当時，先輩方はソロバンを使い，また，帳簿は手書きであった。今や，電卓が当たり前となり，会計ソフトや表計算ソフトを駆使する時代になったとしても，本質的なことは，あの頃から何一つ変わっていない。また，近時，DXやAIなどの導入により，経理・財務業務も大きく影響を受けるといったような報道も散見される。確かに，なかには不要とされる業務もあるかもしれない。

　しかしながら，筆者が必要と考える資質は時代を超えて獲得されなければならないものであり，いわば普遍的な資質と考える。

人材育成こそが最大の使命

　さて，他部署への貢献と批判的精神という資質は次世代に引き継がれなければならない。そのための人材育成こそが会社にとっての最大の使命となるのではないだろうか。

　具体的な方策としては，以下の２点が考えられる。

　まずは，「後進に伝える」ための組織風土づくりである。

　上司は後進に伝えるべき職人的技量について，自らの背中で語らなけ

ればならない。もちろん，言葉によって語ることも有用かもしれないが，親子の関係でも親が背中で教えることも多くあることと同じ理屈である。

　また，批判的精神を後進に獲得させるためには，上司は自ら制度のあり方について，日々大いに語るべきだろう。豊富な経験に基づいた批判であれば，必ずや耳に残るはずである。

　次に，「後進が自ら学んでもらう」ための組織風土づくりである。

　経理・財務業務は常にインプットが求められ，感覚的には業務の1割程度はインプットに充てることが必要と考える。会計や税務に限らず，コミュニケーション・スキルの習得などを含めて，WEB研修，参考書籍の購入，外部研修といった機会を十分に確保することが必要である。経理・財務パーソンによる関係部署への関与を積極的に促し，他部署や他社への出向を検討することも有用かもしれない。

　このように積極的な企業風土づくりが人材育成に直結するのであり，まさしく，弊社の最重要課題ともいえよう。今風にいえば人的資本の形成といった話になるのかもしれないが，決して今に始まった話ではないのである。

　経理・財務パーソンが必要な資質を蓄えることで，経理・財務部門が筋肉質な部署となることを願ってやまない。会社のコンプライアンス維持のための，いわば歯止め役，ブレーキ役，そして羅針盤として，関係部署から一目置かれるような存在となることを祈念して，筆をおきたいと思う。

〈著者紹介〉

日野原 克巳（ひのはら　かつみ）

公認会計士

1980（昭和55）年，開成高校卒業。

1985（昭和60）年，慶應義塾大学商学部卒業。

1989（平成元）年，英和監査法人（現・有限責任 あずさ監査法人）入社後，パートナー登用。

2015（平成27）年，株式会社レオパレス21（財務経理部）入社。

2024（令和6）年，日野原公認会計士事務所として独立開業。

　主な公的委員として，元独立行政法人 中小企業基盤整備機構 投資評価委員，元日本公認会計士協会北海道会副会長など。

　主な執筆活動として，『経営危機時の会計処理』（中央経済社），『ストーリー＆ケーススタディ　監査法人との付き合い方がわかる本』（中央経済社），『（図解　経理人材育成講座）ここは外さない‼　有価証券報告書作成・チェックの勘所』（IKOMA クリエイト）など。

執筆補助者

株式会社レオパレス21 財務経理部

宇佐美 征哉，加藤 太郎，大瀧 雅哉，岩崎 純哉

現場目線の業績管理入門
レオパレス21における経営危機後の改善策

2024年7月25日　第1版第1刷発行

著　者	日　野　原	克　巳
発行者	山　本	継
発行所	㈱中　央　経　済　社	
発売元	㈱中央経済グループ パブリッシング	

〒101-0051　東京都千代田区神田神保町1-35
電話　03 (3293) 3371 (編集代表)
　　　03 (3293) 3381 (営業代表)
https://www.chuokeizai.co.jp
印刷／文唱堂印刷㈱
製本／㈲井上製本所

©2024
Printed in Japan